LES
CHARACTERES
DES PASSIONS.

VOLVME III.

Où il est traitté de la Nature & des
Effets de

LA HAINE.

Par le Sieur DE LA CHAMBRE, *Conseiller du Roy en ses
Conseils, & son premier Medecin Ordinaire.*

A PARIS,

Chez IACQVES D'ALLIN, ruë Saint Iacques, au coin de
la ruë de la Parcheminerie, à l'Image S. Estienne.

M. DC. LXII.

Auec Priuilege de sa Majesté.

 ONSEIGNEVR,

Puisque il n'y a point de spectacle
si agreable à voir, que les Ennemis

á ij

EPISTRE.

que l'on a surmontez ; Ie ne dois pas
douter que les Paſſions que ie vous
preſente , ne ſoient bien receuës de
V. E. & qu'elle ne les voye comme les
plus illuſtres monumens de ſa Gloire,
& le plus bel appareil de ſon triom-
phe. Auſſi ne ſont-elles pas du rang
de ces Paſſions communes, qui fuyent
deuant les plus foibles vertus : elles
demandent toute la force des Ames
heroïques , & ne ſe laiſſent vaincre
que par des efforts miraculeux, & par
vne patience extraordinaire. Par-
donnez-moy, MONSEIGNEVR,
ſi ie l'oſe dire : Cette preuoyance admirable , ny ces ſages Conſeils qui ont
produit tant de bon-heur à la France , ne ſont point comparables aux
moyens que vous auez tenus pour

e'touffer la Haine que ſes Ennemis
ont euë contre voſtre Miniſtere , &
pour reſiſter aux trauerſes que la Fortune a ſi ſouuent meslées aux faueurs
qu'elle a faites à V. E. Mais que
dis-je ! vous n'auez pas ſeulement
e'touffé la Haine de nos Ennemis ,
vous l'auez changée en reſpect & en
admiration , & vous leur auez donné
vne ſi haute opinion de voſtre Sageſſe,
que l'on peut dire qu'elle leur a fait
perdre l'eſperance de vaincre , & la
honte d'eſtre vaincus. C'eſt bien plus,
MONSEIGNEVR, par cette mer-
ueilleuſe conſtance que vous auez té-
moignée dans les Afflictions & dans
les Douleurs qui vous ont ſi ſouuent
attaqué, vous auez appris à la Fortune que vous eſtiez au deſſus d'elle,

EPISTRE.

& auez fait connoiſtre à tout le monde que ce n'eſt point d'elle que vous
auez receu les biens que vous poſſe-
dez, puiſque vous n'auez point eſté
ſuſceptible des maux qu'elle a voulu
vous faire. Ce ſont ces maux-là,
MONSEIGNEVR, dont ie fais
icy la Peinture, où voſtre Eminence
pourra voir du port où elle eſt maintenant, la tempeſte dont elle eſtoit
menacée, & le peril où elle pouuoit
tomber, ſi voſtre Vertu ne l'en euſt
garantie. Pour moy, ie confeſſe que
auec toute ma Philoſophie ie n'ay peu
m'empeſcher de les reſſentir dans toute leur violence. I'ay hây mortellement vos Ennemis que vous auez ſi
doucement traitez : I'ay ſenty viue-
ment vos douleurs que vous auez ſi

EPISTRE.

*constamment supportées. Mais,
MONSEIGNEVR, vostre Emi-
nence sçait bien aussi que l'Amour
est la source de toutes les Passions ;
& que rien ne m'a peu inspirer tous
ces mouuemens que la haute estime
& la veneration que i'ay pour les
qualitez admirables de vostre Esprit, pour ces soings & ces tra-
uaux continuels que vous donnez à
la gloire de la France, & pour cette Douceur incomparable dont vous
auez temperé la puissance de vostre
Ministere. Ce sont des sentimens si
iustes & si raisonnables, qu'ils doiuent excuser tous les Excez où mon
cœur s'est laissé emporter, & faire
approuuer mesme ceux que i'employ-*

ray d'oresnauant pour vous faire connoistre que ie suis,

MONSEIGNEVR,

De vostre Eminence,

Le tres-humble, tres-obeïssant,
& tres-fidelle seruiteur,
LA CHAMBRE.

LES
CHARACTERES
DE LA HAINE.

PREMIERE PARTIE.

Omme les Maux ne font pas feulement en plus grand nombre que les Biens, mais qu'ils font incomparablemét plus penetrans & plus fenfibles, la prouidence de la Nature a voulu auffi que les paffions qui les doiuent combatre, fuffent non feulement plus nombreufes, mais encore plus promptes

A

& plus delicates que celles qui pourſuiuent les Biens. Car ſi l'on pouuoit compter
toutes celles dont noſtre vie eſt inceſſamment agitée, on trouueroit que hors trois
ou quatre qui regardent le Bien, toutes les
autres, dont le nombre eſt preſque infiny,
n'ont point d'autre objet que le Mal: mais
on verroit encore qu'elles ſe forment & ſe
font ſentir bien plus promptement que les
premieres, & que l'on eſt bien pluſtoſt
ſurpris de l'Auerſion & de la Douleur, que
de l'Amour & de la Ioye.

Et certainement on peut dire que l'Ame
ſe porte laſchement vers le Bien, & qu'elle le cherche auec quelque ſorte de negligence; ou que dans la deffiance où elle eſt
elle le taſte d'abord, & ſemble conſulter
ſi elle ſe doit engager à ſa pourſuite; mais
que lors que le Mal ſe preſente à elle,
comme ſi elle n'auoit point de conſeils à
prendre ny de temps à perdre, elle s'eſmeut au meſme inſtant, & fait auec precipitation tout ce qu'elle peut pour s'en
garantir. Et cela vient aſſeurement d'vne
ſecrete connoiſſance qu'ell'a, que le Mal a

plus de puiſſance pour deſtruire les choſes,
que le Bien n'en a pour les conſeruer; ET
que le moindre qui luy puiſſe ſuruenir eſt
capable de corrompre en vn moment le
plus parfait eſtat où tous les Biens enſemble la ſçauroient mettre.

Or de toutes les Paſſions qu'elle employe contre luy, la Haine eſt ſans doute
la premiere & la plus neceſſaire : Comme
ſi elle en eſtoit la maiſtreſſe elle marche
touſiours deuant; il n'y en a pas vne qui
oſe paroiſtre ſans elle; ET ſoit qu'il faille
combatre ou fuyr vn ſi dangereux ennemy, elle ne manque jamais d'eſtre de la
partie. Car celuy qui ſouffre du mal ou
qui le craint, celuy qui luy reſiſte ou
qui l'attaque, celuy enfin à qui il fait perdre courage le hait infailliblement, &
pas vn de ces mouuemens ne ſe forme en
ſon Ame, que la Hayne ne l'ait precedé
& ne l'accompagne. De ſorte que ſi l'on
vouloit juger de l'excellence des Paſſions
par l'eſtenduë de leur employ, on pourroit raiſonnablement donner à celle-cy
l'auantage ſur toutes les autres, & la met-

Eloge de
la Haine

A ij

tre au deſſus de l'Amour meſme qui n'a pas
tant de paſſions à conduire, ny tant de differens objets à s'occuper, que celle-cy.

Mais ſans les faire entrer en conteſtation
pour le rang, il ſuffit de dire que ſi l'Ame
n'eſtoit point ſuſceptible de Haine, elle ne
le ſeroit d'aucune paſſion, ny par conſequent d'aucune Vertu. •Sans elle non ſeulement il n'y auroit point de Douleur,
de Crainte ny d'Eſperance; il n'y auroit
point de Conſtance, de Hardieſſe ny de
Colere. En vn mot il ne faudroit plus parler d'aucun effort que la Nature ou la Raiſon peuſt faire contre le Mal, parce qu'il
faut de neceſſité que la Haine entre dans
tous ces mouuemens là. Mais ce qui eſt
de plus eſtrange, quoy· qu'il ſoit veritable,
ſans elle il n'y auroit point d'Amour,
de Ioye ny de Deſirs : Car dans cette
grande foule de Maux qui nous enuironnent &qui nous attaquent inceſſamment,
ſi l'Ame n'auoit de l'auerſion pour eux, ſi
elle n'auoit quelque moyen pour s'en eſloigner, ils la rempliroient toute de leur
amertume, ils s'y confondroient auec le

Bien, & luy feroient ainſi perdre les charmes qui le font aymer & qui rendent ſa
poſſeſſion agreable. De ſorte que s'il eſt
vray que l'Amour & le Plaiſir ſoient les
compagnons & les confidens du Bien , on
peut dire auſſi que la Haine leur ſert à
tous de garde & de defenſe, qu'elle les
met à couuert de leurs ennemis, & qu'ils
luy doiuent par conſequent leur ſubſiſten-
ce & leur conſeruation.

En effet la vie , qui eſt le ſouuerain
bien des animaux , ne ſe conſerue que par
cette ſecrete auerſion qu'ils ont pour les
choſes qui la peuuent deſtruire ; ᴇᴛ la Nature a eu tant de ſoin de la leur inſpirer ,
que quand les ſens n'ont pas eſté capables
de la produire, elle l'a fait couler dans leur
Ame auec la naiſſance , & a voulu qu'au
moment qu'ils commençoient à viure ils
commençaſſent à hayr. L'impreſſion meſme en eſt quelquefois ſi forte , qu'elle ne
finit pas auec la vie, ils ſe hayſſent apres la
mort , & donnent ſujet de croire , qu'en
conſeruant les ſentimens qui les rendoient
ennemis , ils viuent encore par la Haine

ou du moins que la Haine leur eſtoit plus naturelle & plus neceſſaire que la vie.

Mais quoy que ce ſoit là le premier employ de cette Paſſion, quelque vaſte & important qu'il ſoit, ce n'eſt pas neantmoins le plus conſiderable. Elle eſt deſtinée à la conſeruation d'vne plus noble vie que n'eſt celle des ſens ; ET ſon principal vſage eſt de defendre & de mettre en ſeureté la vertu qui eſt la veritable vie des hommes. Car comme celle-cy n'a point d'autres ennemis que les Vices, elle ſe fuſt trouuée expoſée à leur tyrannie ſi la Haine ne fuſt venuë à ſon ſecours, & ſi elle n'euſt fermé la porte à ces monſtres qui ſont capables de l'eſtouffer dans ſa naiſſance, & de la deſtruire quand elle eſt dans ſa plus grande force. Ce iuſte deſdain & cette ſainte horreur qu'elle excite contr'eux, ſont autant de mouuemens qu'elle donne à l'Ame pour ſe ſauuer de leurs embuſches, & tous les pas qu'elle luy fait faire pour s'en eſloigner, ſont les meſmes qui l'approchent des Vertus & qui la conduiſent à ſa perfection.

Ouy sans doute, la Haine du Vice est la premiere disposition qui fait naistre l'Amour de la Vertu ; et quoy que la beauté dont celle-cy est pourueuë luy deust toute seule acquerir tous les cœurs , nous experimentons neantmoins que la laideur des crimes est plus puissante pour nous porter vers elle, que ses charmes ne le font pour nous y attirer. Le desordre effroyable qu'ils causent dans la raison , la honte qu'ils portent auec eux , & le repentir qui les suit , font vne plus forte impression dans nostre Ame que cette beauté qui , toute charmante qu'elle est, est pourtant rude & seuere, & dont la possession ne se peut meriter, que par les peines & par les combats.

Mais si la Haine est dans la Morale le premier & le plus puissant moyen pour acquerir les Vertus , c'est aussi dans la vie ciuile le premier & le plus grand chastiment des Vices. Car auant que la Iustice employe contr'eux la seuerité des loix, la Haine publique en commence la vengeance : elle les attaque par tout où ils se trou-

uent , & le throſne meſme, les fortereſ-
ſes, ny les gardes dont les Tyrans ſont en-
uironnez, ne les ſçauroient garantir d'vne ſi
iuſte peine : Laquelle eſt d'autant plus grande qu'elle n'a point de relaſche, qu'elle
porte touſiours l'effroy & la terreur auec
elle, & qu'on ne la void pas finir auec la
vie comme les autres ; Puis qu'elle chaſtie
les meſchans juſques apres leur mort, &
qu'elle rend leur nom & leur memoire
abominable à tout le monde.

Enfin la Religion qui conſacre & qui
couronne nos Paſſions, a fait de la Haine la
plus haute perfection du Chriſtianiſme.
Car celuy qui ſe peut hayr ſoy-meſme
n'y trouue plus rien de difficile à faire : En
hayſſant ce qu'il ſemble ne deuoir pas hayr,
il ſe rend capable d'aymer tout ce qu'il doit
aymer, & par vne ſi ſainte auerſion, il ſe
rend digne de l'amour du Ciel & de la poſſeſſion de ces biens infinis qui ſe trouuent
dans la ſouueraine Felicité.

Apres cela qui n'admirera, ou pluſtoſt
qui ne deteſtera la malice des hommes, qui
d'vne Paſſion ſi vtile & ſi neceſſaire, en a
fait

fait la plus dommageable & la plus perni-
tieuſe de toutes, & qui en a tellement per-
uerty les vſages, qu'au lieu de l'employer
pour conſeruer la vie, elle ne s'en ſert que
pour la deſtruire ; au lieu de la faire ſeruir
à la correction des Vices & à la defenſe des
Vertus, elle luy fait produire les crimes les
plus deteſtables & perſecuter les vertus les
plus eſclatantes : Enfin d'vne Paſſion qui
deuroit eſtre ſainte, elle en fait la plus impie
& la plus execrable de toutes.

Non, il n'en faut point douter, c'eſt laHaine qui la premiere a ſoüillé la terre du ſang
humain, qui a introduit la mort dans le
monde par vn parricide, qui dépuis a mis
en vſage les poiſons & les malefices,& qui a
inuenté tous ces cruels inſtrumens auec leſquels on arrache la vie aux hommes. C'eſt
elle qui jette dans l'Ame la fureur & la cruauté, qui conſeille les trahiſons & les aſſaſ-
ſinats, & qui ne ſe contentant pas d'armer le
pere contre le fils, & le frere contre le frere,
allume la guerre entre les peuples, les con-
ſume par le fer & par le feu,& defole ainſi les
familles, les Prouinces & les Royaumes.

Encore fi elle n'attaquoit que les Meſchans
& ceux qui luy fcnt iniure, on la pourroit peut eſtre excuſer en quelque ſorte;
mais elle s'eſt touſiours acharnée contre les
plus gens de bien & les plus grands per-
ſonnages, & ne pouuant ſupporter l'eſclat
de leur Vertu, elle les a tantoſt bannis par
des loix iniuſtes, tantoſt elle les a opprimez
par la calomnie, & ſouuent elle leur a fait
perdre la vie.

Mais ce n'eſt pas ſeulement ſon deſſein de
deſtruire les hommes, elle voudroit encore
ſi elle en auoit la puiſſance, deſtruire la Religion & la Diuinité meſme. Apres auoir
rompu ces chaiſnes ſacrées, dont la Charité
nous lie les vns auec les autres & nous vnit
auec Dieu, elle ſe le propoſe pour l'objet de
ſon auerſion, & par vne impieté qui n'eſt
preſque pas conceuable; elle voudroit qu'il
fuſt impuiſſant, ou qu'il ne fuſt point du
tout. Auſſi comme ſi c'eſtoit la plus grande
ennemie de ſa puiſſance & de ſa bonté, il a
plus trauaillé à l'étoufer dans noſtre Ame
que quelqu'autre que ce ſoit. Il permet
qu'on attaque quelquefois vn ennemy, qu'-

on luy refifte , qu'on fe mette en cholere contre luy ; ᴍais il ne veut jamais qu'on le hayffe : ᴛous fes commandemens & toutes fes femonces ne tendent qu'à deftruire cette Paffion, & l'on peut dire qu'il n'eft defcendu du ciel que pour la chaffer de la terre.

Mais nous paffons les bornes que nous nous fommes prefcrites , il faut laiffer a ceux qui font les Interpretes de fes Oracles & de fes Volontez , le foin de faire connoiftre aux hommes l'horreur qu'il a contr'elle , & les chaftimens qu'il prepare à ceux qui nourriront dans leur cœur vne fi execrable furie. Ce fera affez pour nous , fi dans le portrait que nous en voulons faire, nous pouuons reprefenter la difformité qu'elle apporte à l'Ame & au Corps, & infpirer ainfi de la Haine pour la Haine mefme.

P O ᴠʀ faire le tableau de la Haine , il ne faut pas s'imaginer qu'vne feule figure puiffe exprimer tous les traits & tous les mouuemens de cette Paffion, il faut faire eftat d'y reprefenter vne longue hiftoire qui doit

Defcription d'vn homme qui hait.

eſtre diuerſifiée par vn nombre infiny de differentes actions, & de diuers euenemens. Car il faut peindre les dommages & les iniures qui luy donnent la naiſſance, l'enuie & les ſoupçons qui la nourriſſent & qui l'entretiennent, la colere & la crainte qui l'accompagnent & qui la conſeillent ; LE plaiſir malin, les deſirs iniuſtes, & les deſſeins funeſtes que la malice & la fureur luy inſpirent. En vn mot il faut faire voir les mouuemens de l'Ame les plus dereglez, les crimes les plus horribles, les plus cruels effets de la rage & du deſeſpoir ; ET auec tout cela renfermer dans vn petit eſpace vne Paſſion qui n'a point de bornes, & qui ne finit pas auec la vie comme toutes les autres. Mais pour euiter la confuſion qu'vne ſi grande varieté de choſes pourroit apporter à ce deſſein, il nous faut faire autant de Portraits de la Haine qu'il y a de diuers eſtats où elle ſe trouue : Car elle eſt bien differente quand elle commence, de ce qu'ell'eſt quand elle a pris de longues racines ; quand elle tombe en vne Ame timide, & lors qu'elle ſaiſit vn grand courage ; quand

enfin l'ennemy eſt preſent, & lors qu'il eſt
abſent ou eſloigné.

En effet elle n'eſt pas de ces paſſions im-
petueuſes qui eſclattent d'abord, & qui ne
ſe forment jamais, s'il faut ainſi dire, qu'a-
uec la foudre & la tempeſte : Pour l'ordinaire elle entre dans l'Ame ſans tumulte &
ſans bruit, & comme ces poiſons ſubtils
qui ne cauſent aucun violent ſymptome &
minent inſenſiblement la vie, elle ronge le
cœur peu à peu & ne ſe fait connoiſtre dans
ſes commencemens que par vn peſant &
morne chagrin, & par quelques legeres
ſaillies du deſpit & du deſdain qu'elle excite de temps en temps. Car ſi toſt qu'vn
homme en eſt atteint, la premiere choſe
qu'elle fait c'eſt de luy rendre non ſeulement la perte ou l'iniure qu'il a ſoufferte
plus picquante & plus ſenſible, mais la perſonne meſme qui la luy a cauſée plus odieuſe. Apres auoir exageré le mal qu'il en a receu par toutes les circonſtances qui le peuuent agrauer, il cherche les motifs qui l'ont
pouſsée dans vne ſi laſche entrepriſe, & n'en

B iij

trouuant point d'autre que l'enuie, le mefpris ou la feule malignité qu'elle a euë, il fe
trouue par tout indignement traitté ; il la
trouue par tout iniufte & deteftable, & ne
fe la reprefente enfin que comme vn monftre, ou vn Demon , qui vient troubler le
repos de fa vie. L'offenfe qu'il en a receuë
n'eft à fon aduis que le premier effay de fa
malice, il preuoit les trahifons & les dernieres violences qu'elle luy prepare ; il penetre dans tous les intrigues qu'elle fait,
& compte en fon efprit tous ceux qu'elle
attirera dans fon party pour l'opprimer.
Mais qui pourra dire les refolutions qu'il
prend là deffus ; la moindre eft de ne voir
jamais vne perfonne pour laquelle il a tant
d'horreur, de conferuer vne eternelle auerfion contr'elle , & d'y engager fes amis par
les fermens les plus folemnels, fes enfans
par les prieres & les menaces les plus pref-
fantes, & toute fa pofterité par les imprecations les plus effroyables qu'il pourra conceuoir. Ce n'eft pas encore affez , il luy
veut faire reffentir de plus poignans effets
de fa Haine ; il penfe aux ennemis qu'ell'a

pour fe lier auec eux , à fes amis pour les
defbaucher , à fes biens pour les luy faire
perdre, aux maux qu'elle craint pour les
auancer , & fur tout à fa vie pour la deftruire. C'eft là principalement où tendent
fes plus ardens defirs, il veut abfolument
qu'elle periffe, le crime en eft defia commis
en fon cœur, & il eft coupable en effet d'y-
ne mort qui n'eft pas encore arriuée.

Ce font là les premieres penfées & les
premiers deffeins que cette paffion infpire,
qui font prefque femblables en tous ceux
qui s'en trouuent atteints. Mais les moyens
dont elle pretend fe feruir pour les executer font differens, felon qu'elle tombe dans
vne Ame qui eft courageufe ou timide.
Car celuy qui a le cœur noble & genereux
ne fe propofe ordinairement que des voyes
hôneftes pour venir à bout de fon ennemy:
il voudra bien luy faire perdre les biens ,
l'honneur & la vie, mais il n'y employera
point l'iniuftice, la calomnie ny la trahifon.
S'il veut donner atteinte à fa fortune, ce fera par les formes de Iuftice, s'il veut atta-

quer sa reputation, ce sera par des vices
qu'il croit veritables, s'il en veut à sa vie ce
sera par de justes combats. Il n'en est pas
ainsi d'vn courage bas & lasche, qui ne
trouue point de moyens pour assouuir sa
passion qui ne luy semblent raisonnables,
qui approuue la trahison autant que la force ouuerte, qui ne met point de difference
entre le fer & le poison, & qui fait estat de
recourir à la malice des Demons quand
celle des hommes luy sera inutile.

Mais quel qu'il puisse estre, lors qu'il a
bien trauaillé son esprit à chercher les
moyens de se venger, & qu'il semble que
sa passion en soit lasse ou satisfaite; si quelqu'vn de ses amis l'aborde, ce calme trom-
peur se change & se trouble au mesme
temps; & l'orage qu'il auoit souffert en secret se renouuelle & se rend mesme plus
fort par sa presence. Comme si sa Haine
eust esté contrainte par le silence, & par la
solitude, maintenant qu'elle a la liberté des
paroles, elle se repand en iniures, en imprecations, en menaces ; tous ces cruels
desseins

desseins qu'il auoit auparauant meditez se
reueillent en sa pensée & s'accroissent en sa
bouche; et à l'ouyr parler s'il auoit son ennemy en sa puissance il luy arracheroit les
yeux, il luy mangeroit le cœur, & il n'y
auroit aucune partie de son corps qui ne
portast les marques de la rage qui le possede.
Mais ce qui est admirable il dit toutes ces
choses auec tant de froideur & d'vn esprit
si rassis, qu'il ne semble pas que la passion
anime son discours, & l'on peut croire que
son Ame souffre alors cette sourde tempeste
qui agite le fonds de la mer quand l'air
est calme & serain. Car si la colere ne se
mesle auec elle, ces grands transports & ces
violentes agitations qui luy sont ordinaires,
ne se remarquent en aucune de ses actions.

Apres s'estre donc ainsi deschargé le
cœur, il demande conseil & secours à son
amy; mais c'est vn conseil qui doit flatter sa
passion; c'est vn secours qui doit estre sans
condition & sans reserue. Comme il reçoit
auidement les aduis qui fauorisent ses
sentimens, & qu'il rebute auec desdain

ceux qui leur sont contraires, il entend a-
uec joye les defauts de son ennemy, les disgraces qu'il a receuës, les dangers qui le
menacent, la facilité qu'il y aura de l'opprimer. Mais il ne peut souffrir les loüan-
ges qu'on luy donne, ny les raisons qui
l'excusent, ny les propositions d'accommo-
dement qu'on luy fait; ET quoy qu'il recon-
noisse souuent son erreur & sa foiblesse,
celle-là luy plaist & celle-cy ne luy oste
pas le courage. Enfin il faut que tous ses
amis entrent aueuglement dans ses desseins,
que les Autels ne seruent point de bornes
à leur affection, & qu'il n'y ayt rien qu'ils
n'entreprennent pour satisfaire à leur deuoir & à son attente.

Pendant qu'il nourrit sa Haine de ces in-
justes esperances, il se laisse consumer par
l'enuie que les prosperitez de son ennemy
luy donnent; il voit auec douleur les biens
qu'il possede, les bonnes fortunes qui luy
arriuent le blessent mortellement, ses di-
uertissemens mesmes luy font peine, & ses
plaisirs luy donnent du chagrin. Mais

auffi quand il fçait qu'il eft tombé en quelque affliction , tout fon cœur fe dilate & fe remplit d'vne joye maligne; Le tranfport qu'elle luy caufe, luy fait faire cent actions indecentes, & il ne fe peut contenir qu'il n'en parle à tous moments & qu'il n'en faffe parler les autres. Quelque grande qu'elle foit, lors qu'ell'excite de la compaffion à tout le monde, elle le trouue infenfible ; & la dureté de fon ame eft fi grande, que quand il fe prefenteroit à fes yeux dans l'eftat le plus deplorable & le plus foumis, il n'en feroit point touché, & fe riroit mefme de fon malheur.

Alors comme fi le Ciel auoit approuué les vœux & les fouhàits inhumains qu'il a faits contre fa perfonne, il luy rend graces de la calamité où il la voit reduite, & de l'occafion qu'il luy donne pour acheuer de la perdre; il ne fe met pas en peine s'il aura part au danger où il la va jetter, il voudroit fe trouuer fous les mêmes ruïnes qui l'accableroient, dans le même vaiffeau où elle feroit naufrage , & par tout où il periroit

auec elle, il mourroit content & fatisfait s'il
la pouuoit furuiure de quelques momens
pour goufter la joye de luy voir rendre le
dernier foufpir.

Dans vne animofité fi furieufe, il ne faut
pas croire qu'il oublie aucune chofe qui
puiffe auancer fon deffein, il n'y efpargne
ny les biens ny les hommes, ny la force ny
l'artifice, ny les chofes profanes ny les fa-
crées. Il a des efpions qui prennent garde à
tout ce qu'elle dit, à tout ce qu'elle fait, aux
moindres mouuemens de fes yeux & de
fon vifage. Il a des gens apoftez pour s'oppo-
fer à tous fes defleins, pour luy fufciter de
nouuelles querelles, pour l'embaraffer en
de nouueaux procez. Il confulte les Aftres
pour apprendre les malheurs dont elle eft
menacée, les Demons pour fçauoir de quels
malefices il la pourra tourmenter, les plus
fcelerats pour s'inftruire des moyens de s'en
defaire. Que s'il a affez de courage pour
vouloir terminer leur different par vn combat, il la fait appeller, & penfe defia au plaifir qu'il aura de luy porter l'efpée dans le

cœur, de luy entendre demander inutile-
ment la vie, & de luy voir enfin fortir
l'Ame & le fang par les larges playes qu'il
luy aura faites.

Mais quoy que ce foient là les derniers
dereglemens où la Haine le puiffe porter, ce
n'eft pas là pourtant où elle paroift la plus
injufte ; c'eft lors que ne fe contentant pas
de pourfuiure celuy qui l'a offenfé, il s'en
prend à fes valets & à toutes les autres
chofes dont il tire quelque feruice qui n'en
font point coupables ; il ne les fçauroit voir
fans horreur & fans defdain, il foule aux
pieds celles-cy, il maltraitte les autres, &
fouuent leur vie n'eft pas en feureté à la
rencontre de cét inhumain. Il eft vray
que celuy qui eft tranfporté de Colere tombe quelquefois dans le même aueuglement ;
mais encore y a t-il quelque ombre de ge-
nerofité dans fa paffion ; car quelque violence qu'il faffe aux chofes qui appartiennent
à fon ennemy, il veut qu'il en foit aduer-
ty, & qu'il fçache qu'il en eft l'autheur ;
mais celuy qui eft agité de la Haine ne s'en

ſoucie pas, & pourueu que celuy qu'il hait
en ſouffre le dommage, il ne ſe met pas en
peine de quelle part il croye qu'il le reçoiue, ny meſme qu'il en ayt aucune connoiſſance.

Voila vne partie des choſes qu'il dit &
qu'il fait en l'Abſence de ſon ennemi.
Voyons maintenant celles que ſa Preſence luy peut inſpirer. Si c'eſt par hazard
qu'il le rencontre, le deſpit & le chagrin
le ſurprennent, la crainte & l'inquietude
le ſaiſiſſent, il ne ſçait s'il doit auancer ou
reculer, & fait tout ce qu'il peut pour en
euiter l'abord. Que s'il eſt enfin contraint
d'en ſouffrir la compagnie, il ne luy parle
point, il le regarde de trauers, & luy
tournant le dos auec vne mine fiere & deſ-
daigneuſe, il ſe met à entretenir ceux qu'il
ſçaura luy eſtre peu affeſtionnez : il ne luy
entend rien dire qu'il ne controlle, qu'il ne
meſpriſe, & qu'il ne taſche de rendre ridicule ; et s'il n'eſtoit retenu par le reſpeſt
de ceux qui ſont auec luy, il le dementiroit,
ou luy feroit quelque autre pareil affront :

ſouuent meſme il n'y a point de conſideration aſſez forte pour l'empeſcher qu'il n'eſ-
clate, il murmure, il gronde, il en vient
aux injures, & puis aux menaces, & s'il
n'eſt arreſté il paſſe juſqu'à la violence.

Mais ce ne ſont là que les coups-d'eſ-
ſay de ſa paſſion, & s'il eſt permis de le dire, ce ne ſont que les premiers tourbillons
de la tempeſte qui doit tomber ſur ſon ennemy, quand de deſſein formé & la force à
la main il l'ira attaquer. Car c'eſt alors
que portant la rage dans le cœur, & la fureur dans les yeux il ſe jette impetueuſement ſur luy ; & ſans vouloir eſcouter ſes
excuſes ny ſes prieres il le prend à la gorge,
il luy porte le fer dans le ſein, & comme s'il
le vouloit faire mourir mille fois, il luy
donne mille coups mortels ; juſques à ce
qu'il ayt veu couler la derniere goutte de
ſon ſang, il croit qu'il y a touſiours quelque reſte de vie qui ſe cache dans ſes veines, & luy faiſant de nouuelles playes il
perce tout ſon corps, il luy defigure le viſage, & penſe que tout mort qu'il eſt, il reſ-

fent encore les derniers outrages qu'il luy fait.

Apres l'auoir mis en cét eftat repaiffant fes yeux de ce fanglant fpectacle, & le regardant auec vn cruel foufris, il fe mocque du malheur où il eft tombé, & de l'imprudence qu'il a euë de fe le rendre ennemy : il ne deuoit point attendre, à ce qu'il dit, vn moindre chaftiment de fa temerité; mais que tout grand qu'il eft, fa vengeance ne fera point fatisfaite qu'il n'ayt fait perir toute fa race auec luy.

En effect ce ne font point de vaines menaces, il pourfuit les enfans auec la mefme rage qu'il auoit fait le Pere, & comme le premier fang que goufte vne befte furieufe l'anime & l'excite au carnage, il femble que celuy qu'il a versé n'ait fait qu'irriter fa paffion, & que pour l'affouuir il luy faut celuy de toute fa famille. Il croit & il dit que c'eft meriter du public que d'ofter du monde vne fi pernicieufe engeance, que ce font autant de monftres dont on purge la terre & qu'il feroit neceffaire

ceffaire qu'il n'en reftât aucune chofe parmy les hommes, non pas mefme le nom
ny la memoire.

Il ne faut pas pourtant croire qu'apres
auoir faoulé fa Haine de toutes ces cru-
autez, & luy auoir ofté tous les objets
qui la pouuoient entretenir, elle ceffe enfin, & laiffe le calme dans fon Ame. Non,
elle y demeure toufiours, elle l'agite fans
ceffe, & fi elle y eft moins farouche, elle
y eft plus maligne. Le plaifir de s'eftre
vangé, la vanité qu'il en tire, & l'info-
lence que cela luy donne, la rendent plus
infupportable, & quand elle n'a plus d'ennemis à combattre, elle en fait dix mille
qui la craignent & qui la deteftent. Car
tout le monde fuit la veuë & l'approche
d'vn homme fi dangereux, perfonne ne
croit eftre en feureté aupres de luy, & fi
les vœux que l'on a faits eftoient exaucez,
la foudre l'auroit confumé, ou la terre fe
feroit ouuerte pour l'engloutir tout en
vie.

Mais quelque malheureux que foit le

D

deſtin que tant de crimes luy font craindre, il eſt encore en vn pire eſtat quand
il hait ſans ſe pouuoir vanger. Il ne faut
point luy ſouhaiter de tourmens pour
chaſtier ſa paſſion, elle eſt elle-meſme ſon
boureau & ſon ſupplice ; & la douleur
qu'il en ſouffre eſt d'autant plus grande,
qu'elle eſt lente & viue tout enſemble,
& qu'elle le fait mourir à tous les momens de ſa vie, ſans neantmoins le laiſſer mourir. Tantoſt vne Colere muette
& enragée l'enflamme & le tranſporte ;
tantoſt la Crainte & le Deſeſpoir luy gla-
cent le cœur & luy abbatent le courage ;
tantoſt l'Enuie & le Deſpit le rongent &
le conſument , & ſans eſtre jamais en repos il eſt perpetuellement agité de quelqu'vne de ces furies. Neantmoins , comme s'il ſe plaiſoit dans les maux qui le
tourmentent , il refuſe tous les remedes
qui le peuuent adoucir ; il ne veut parler à perſonne, il fuit toute ſorte de compagnie , & ne ſe trouue content que lors
qu'il ſe peut entretenir luy ſeul , & aua-
ler à longs traits le poiſon que le chagrin

& le defpit luy fourniffent dans la folitude. Il en oublie mefme les chofes qui
font abfolument neceffaires à fa conferuation, & ne fe nourriffant que de l'amertume de fes penfées, il paffe les jours fans
manger, les nuits fans dormir, & toute
fa vie dans vne perpetuelle inquietude.
Ce font là les fentimens & les agitations
que la Haine a accouftumé d'exciter dans
l'ame; il faut voir en fuitte les Characteres
qu'elle imprime fur le corps.

Quoy que la Haine foit la paffion la plus *Les effets*
dereglée de toutes, c'eft neantmoins vne de *que la*
celles qui paroift moins fur le vifage; Et il *Haine*
produit
femble que fe fentant coupable du defordre *fur le*
qu'elle caufe dans la raifon, elle fe veuïlle te- *corps.*
nir cachée, & qu'elle ayt honte de fe pro-
duire. Car hors quelques regards & quelques mouuemens qui la trahiffent & qui
la découurent, tous les autres changemens qui arriuent au corps pendant
qu'elle agite l'ame, viennent pluftoft des
autres paffions qui l'accompagnent que
d'elle.

En effet quand vn' homme commence à la reſſentir il tombe dans vn profond ſilence, & le viſage morne, les ſourcils abbatus, les yeux fichez contre terre, il demeure comme vne ſtatuë ſans ſe mouuoir, ſans entendre & ſans voir aucune choſe. Ayant eſté quelque temps en cét eſtat, il ſemble ſe reueiller par vn grand ſouſpir, & branlant la teſte & ſe mordant les levres, il frappe la terre du pied, & murmure entre les dents quelques mots confus & entrecoupez. Mais il n'eſt guiere ainſi ſans reprendre ce ſombre chagrin qu'il auoit auparauant ; ET comme ſi ces deux changemèns faiſoient le flux & le reflux de ſa paſſion, il paſſe inceſſamment de l'vn à l'autre ſans qu'on puiſſe jamais voir le calme ſur ſon viſage.

Quand le nom de ſon ennemy vient à l'impourueu frapper ſes oreilles il rougit au meſme inſtant, le cœur luy bat, il perd contenance & deuient inquiet ; ET ſi l'on en parle auantageuſement, tantoſt il montre par vn hauſſement de nez, & par vn ris

moqueur le mépris qu'il en fait , tantoſt
par ſes frequents baillemens & par ſes
continuels changemens de poſture & de
place, il teſmoigne l'ennuy qu'vn diſcours
ſi importun luy donne. Tantoſt il regarde de trauers celuy qui parle , il l'interrompt à tous momens , & ne pouuant
à la fin ſupporter vn ſi faſcheux entretien,
il ſe retire en grondant , & fait voir dans
ſes yeux hagars & dans ſon viſage enflam-
mé, le dépit & la colere qu'il a dans l'ame.
Mais quand quelqu'vn en raconte les de-
faux & les diſgraces , comme s'il vouloit
ouurir tous les paſſages qui peuuent donner entrée à vne ſi agreable nouuelle , il
auance la teſte, ſon front s'eſtend & s'eſlar-
git, ſes yeux deuiennent plus grands , &
tenant la bouche à demi ouuerte il n'oſe
preſque reſpirer, tant il a peur d'en perdre la moindre ſyllabe. De temps en temps
il l'approuue par vn ſouſris, & par vn leger mouuement de teſte & des mains , &
le conclud touſiours par quelque picquante
raillerie, ou par quelque exclamation que
la Ioye ou l'Auerſion tirent de ſa bouche.

D iij

Mais c'eſt principalement à la Preſence
de l'ennemi que la paſſion ſe decouure.
Si toſt qu'il l'apperçoit, comme s'il vouloit tout enſemble le voir & ne le voir pas,
il iette les yeux ſur luy & tourne la teſte
d'vn autre coſté ; ET au meſme temps il
paſlit, il ſent vn friſſon qui ſe gliſſe par
tout ſon corps, les genoux luy tremblent,
& ſes pas ſont branlans & mal aſſeurez.
Cela ſe diſſipe pourtant incontinant apres;
car la rougeur luy monte au viſage, la
chaleur retourne aux parties qu'elle auoit
abandonnées, & ſon marcher ſe r'aſſeure
& ſe r'affermit.

Que s'il eſt obligé de ſe trouuer de front
auec ſon ennemi, & qu'il faille par neceſſité ou par bienſeance qu'il porte la veuë
ſur luy, c'eſt auec vn certain regard contraint & retenu, c'eſt auec l'air & la mine d'vn homme qui eſt ſurpris & decon-
certé. Parfois il iette les yeux de trauers
contre luy, & fronçant le ſourcil il ſemble que ſes regards ſoient autant d'eſ-
clairs qui ſortent du nuage qu'il a ra-

maſſé ſur ſon front. En effet la foudre
ſuit ordinairement ces ſecretes menaces :
Car la colere qui trouue dans ſon cœur toutes les matieres diſposées à s'enflammer,
allume en vn moment tout ſon ſang, elle
le tranſporte hors de luy-meſme, & le
pouſſe iuſqu'aux dernieres violences. Auec
cét affreux viſage qui eſt ordinaire à cette
paſſion, il ſe iette à corps perdu ſur ſon ennemi, il le prend à la gorge, & faute d'autres armes il employe les ongles & les dents
pour le deſchirer. Mais tous ces outrages
ne le ſatisfont pas, il faut enfin qu'il luy
oſte la vie, il faut qu'apres ſa mort il luy
donne cent coups, qu'il le foule aux pieds,
qu'il luy arrache le cœur & comme vne
beſte feroce qu'il le mange & qu'il le deuore.

Pendant qu'il aſſouuit ainſi ſa Haine on
voit ſous le ſang & l'eſcume qui luy ſortent de la bouche vn cruel ſouſris qui luy
allonge les leures, la fureur & la ioïe qui
ſe confondent ſur ſon viſage ; ᴇᴛ comme s'il
vouloit faire gouſter à ſes yeux le plaiſir
de ſa vangeance, il les porte ſur le carnage

qu'il a fait, & femble leur demander aduis
s'il y a encore quelque chofe à faire pour
la rendre plus entiere.

Mais deftournons les noftres d'vn fi horrible fpectacle, & confiderons l'eftat où il
eft quand il ne fe peut venger. A vray dire l'objet en fera moins affreux, mais il
n'en fera pas moins eftrange. Car la paffion le change de telle forte, qu'elle le rend
femblable à quelque befte que la rage pouffe dans les forefts & hors de la veuë des hommes; le vifage abbattu, les yeux ternis & la
la tefte baiffée, il fuit fes amis, il ne veut
voir perfonne, & ne cherche que les lieux
efcartez & la folitude. Là tantoft il fe pro-
mene à grands pas, tantoft il s'arrefte tout
court, & la veuë tournée vers le ciel il
foufpire, il pleure, il fe croife les bras &
laiffe tomber nonchalamment fes mains
qu'il tient entrelaffées; puis tout d'vn coup
il change de pofture & de vifage, & fait
connoiftre par fes branlemens de tefte, par
fes eflancemens de bras, & par le fouffle
vehement que de temps en temps il pouffe

hors

hors de fa bouche, le defpit & l'indignation dont il eſt animé. Souuent meſme
cela paffe juſqu'à la colere qui paroiſt dans
fes yeux rouges & eſtincelans, dans fes levres tremblantes, & dans les menaces qui
luy eſchappent, & que le filence opinia-
ſtré où il demeure touſiours ne fçauroit retenir. Apres cela il retombe dans fes crain-
tes & dans fes terreurs ordinaires, & paffe
ainfi les jours & les nuits dans la reuolu-
tion continuelle de toutes ces paſſions. Il
n'attend point comme le reſte des hommes
que le dormir vienne affoupir fes peines &
fes ennnys, le fommeil le fuit, & il fuit
le fommeil : Car quand par laſſitude ou par
foibleffe il vient à luy fermer les yeux pour
quelques momens, les fonges qu'il fait luy
repreſentent non feulement les meſmes objets qui l'affligeoient durant la veille, mais
il les luy rend encore plus faſcheux ; il y
voit touſiours fon ennemy qui le pourſuit,
qui l'outrage ; ET le plus fouuent il croi-
roit eſtre à la fin de fa vie s'il n'eſtoit
à la fin de fon fommeil. Dans vne fi eſtrange & fi miferable façon de viure, il eſt im-

poſſible que ſa ſanté ne ſe deregle, ſon teint deuient paſle & liuide, ſes yeux s'enfoncent, il perd l'appetit, tout ſon corps ſe fond & ſe deſſeiche ; ſes flancs deuiennent durs & tendus, vne fievre lente s'allume dans ſes veines, ſon pouls de retiré & inégal qu'il eſtoit, deuient alors petit & languiſſant ; Enfin s'il n'eſt emporté par quelque ſyncope, ou par quelqu'autre pareil accident, il ſe ſent mourir peu à peu, & voit chaque jour quelque partie de ſon corps qui ceſſe de viure.

Mais certes on peut dire que la Haine eſt la derniere qui meurt en luy. Car le dernier battement de ſon cœur eſt pluſtoſt vn mouuement de ſa paſſion que de ſa vie; Le nom de ſon ennemy fait la derniere parole qui ſort de ſa bouche ; Et ſon dernier ſouſpir ſemble encore reſpirer la vangeance.

DE LA NATVRE
de la Haine.

SECONDE PARTIE.

QVAND on a donné à la Haine le nom de tenebres, on n'a pas feulement voulu marquer l'aueuglement qu'ell'a accouftumé de jetter dans l'ame; MAIS on a encore à mon aduis voulu nous apprendre par ces paroles, que c'eftoit vne paffion dont la Nature eftoit tout à fait inconnuë, & qui eftoit couuerte d'vne nuit impenetrable à l'efprit des hommes. De forte qu'il ne faut pas s'eftonner fi la Philofophie a efté fi peu efclairée en cette matiere; & fi l'effort qu'ell'a fait pour nous la defcouurir n'a feruy qu'à nous la cacher dauantage & à accroiftre les tenebres qui l'enuironnent par l'obfcurité des Definitions qu'elle en a données.

En effet tantoſt elle dit que la Haine
eſt vne certaine diſſonance qu'il y a entre
l'appetit & les choſes qui luy ſemblent
mauuaiſes. Tantoſt que c'eſt vne horreur
& vne auerſion qu'il a contr'elles. Elle
fait dire aux vns que c'eſt le premier mouuement que la connoiſſance du mal excite
dans la partie concupiſcible de l'Ame. Aux
autres que tout de meſme qu'aymer n'eſt
autre choſe que vouloir du bien, haïr n'eſt
rien auſſi que vouloir du mal. Enfin ell'a
perſuadé à quelques vns que la Haine eſt
vne colere inueterée; ET à quelques autres
que c'eſt vne offenſe profondement enra-
racinée dans l'ame qui fait ſouhaiter du
mal à ceux dont on penſe auoir eſté offen-
ſé.

Mais à bien conſiderer toutes ces differentes peintures, ce ne ſont que des om-
bres ou des eſloignemens qui ne repreſentent point exactement cette paſſion, & qui
la font paroiſtre ou plus grande ou plus
petite qu'elle n'eſt en effet. La pourroit-on
bien reconnoiſtre dans le mot de Diſſonance, qui eſt vn terme equiuoque & meta-

phorique , & qui en aucune des significa-
tions qu'on luy a données ne marque point
precifement le mouuement , fans lequel
neantmoins on ne fçauroit conceuoir aucune paffion. Et s'il eft vray qu'il y a diffonance en toutes les chofes qui ont quel-
qne antipathie les vnes auec les autres, encore qu'elles ne fe meuuent point ; il faut
que fi elles viennent à fe mouuoir ce foit
pluftoft vn effet de la diffonance que la
diffonance mefme. De forte que la Haine
qui eft vn mouuement de l'appetit proce-
dera bien de la diffonance , qui eft entre
luy & les chofes qu'il hait , mais elle ne
paffera jamais pour cette mefme diffonance ; puifque la caufe & l'effet font toufiours
deux differentes chofes.

De dire auffi que c'eft vne Horreur &
vne Auerfion ; outre que le mot d'Horreur,
n'a pas tant d'eftenduë que celuy de Haine
& qu'il y a beaucoup de chofes que l'on
hait qui ne donnent point d'horreur. Il
femble que l'Auerfion fait vne autre efpece de paffion que l'on oppofe au Defir, &

qui par conſequent doit eſtre poſterieure à
la Haine, comme le Deſir l'eſt à l'Amour.
De ſorte que ce ſera definir vne eſpece par
vne autre; ou bien il faudra contre les ſentimens de l'Eſchole oſter l'Auerſion du rang
qu'elle luy a ſi opiniaſtrement conſerué.

Que ſi l'on veut s'arreſter à ceux qui diſent que c'eſt le premier de tous les mouuemens que le mal excite dans l'ame, on
n'apprédra jamais par vne notion ſi generale quelle eſt la nature particuliere de la Haine. Car pour ſçauoir que c'eſt le premier
de tous les mouuemens, on ne ſçait pas
quelle eſt la nature de ce mouuement ny
par conſequent quelle eſt cette paſſion.

Quant à ceux qui aſſeurent que hayr
n'eſt autre choſe que vouloir du mal. Outre que vouloir du mal eſt vn effet de la
Haine & qu'il y a beaucoup de choſes que
l'on hait, auſquelles on ne veut point de
mal ; ſi par le mot de Vouloir, ils com-
prennent tous les mouuemens que le mal
excite dans la volonté, la definition ſera

trop vague, & conuiendra à toutes les paſſions qui ont le mal pour objet. Et s'ils le reduiſent au deſir de nuire, elle ſera trop reſerrée & ne comprendra pas toute ſorte de Haine. La Haine meſme ne ſera pas Haine, puiſque le Deſir eſt vn autre mouuement, & par conſequent vne autre paſſion que la Haine.

Enfin ceux qui la definiſſent par la Colere inueterée ou par l'offenſe enracinée dans l'Ame, non ſeulement ils ne prennent pas garde que la Colere & la Haine ſe forment en deux diuerſes parties de l'Ame, & que celle là n'eſt jamais ſans douleur, quoy que la Haine en ſoit ſouuent exempte ; mais encore ils la renferment en de trop petites bornes, puis qu'il y a des Haines ſans Colere, & ſans auoir eſté precedées par aucune offenſe.

Ce ſont là les tenebres qui rendent la nature de cette paſſion ſi obſcure & ſi difficile à connoiſtre, & que nous ne ſçaurions diſſiper entierement que par la lumiere que nous deuons tirer de l'Amour, puis que c'eſt

ſon contraire, & qu'vn contraire donne
iour à l'autre. Voyons donc s'il pourra encore débrouïller ce Chaos.

Quel eſt le mouue-ment de l'Ame dans l'a-mour.

A Ce deſſein il faut ſe reſſouuenir de ce
que nous auons dit en la premiere partie
de cét ouurage : que l'Amour eſt vn mouuement de l'Appetit, par lequel l'Ame s'vnit
au bien qu'elle connoiſt ; mais dautant que
tous les mouuemens de l'Appetit ſont du
rang de ces actions que l'on appelle immanentes, parce qu'elles demeurent dans la faculté qui les produit ſans iamais en ſortir ;
il faut que cette vnion d'Amour ſoit de ce
genre là, & que ce ſoit vne action qui ſe faſſe toute entiere dans l'Appetit, & qui ne
ſorte point hors de luy. De ſorte que l'Ame
qui ayme le bien, encore qu'il ſoit abſent,
doit neceſſairement auoir en ſoy quelque
choſe auec laquelle elle ſe puiſſe vnir en ſon
abſence, autrement il n'y auroit point d'v-
nion, ny par conſequent point d'Amour.
Et comme elle n'a rien du Bien que l'Image qu'elle s'en eſt formée, il n'y a rien auſſi
que cette Image auec laquelle elle ſe puiſſe

vnir

vnir, & l'amour ne peut estre autre chose
que le mouuement par lequel l'Appetit s'v-
nit à l'Image du bien.

En effet puisque l'estre veritable des choses n'entre jamais dans l'ame, & qu'elle ne
fort point hors d'elle-mesme pour les join-
dre; en vn mot que tous fes mouuemens
font des actions immanentes, comme tout
le monde est d'accord, elle ne sçauroit jamais s'vnir effectiuement auec les chofes ,
mais feulement auec leur image. Et fi elle
pretend à quelque autre vnion ce n'est
plus pour elle qu'elle la recherche , c'est
pour les autres puissances qui peuuent s'v-
nir reellement à leurs obiets : d'autant que
l'Imagination & l'Appetit font des facultez
politiques qui ne trauaillent pas pour elles
feules , mais pour toutes les autres qui font
fous leur direction. Ainfi elles ne fe contentent pas de s'vnir aux images des chofes,
qui est la feule vnion qui leur est propre
& naturelle ; mais elles ont foin encore
que les objets des fens foient vnis à leurs
organes par l'approche & par la prefence
qui est propre à chacun.

F

Quel est le mouue- ment de l'Ame dans la Haine.

Cela presupposé, si la Haine est vne paſſion contraire à l'Amour, il ne faut pour
conceuoir quelle eſt ſa nature, que ſe figurer vn mouuement qui ſoit tout à fait
opposé à celuy que nous venons de marquer ; ᴇᴛ dire que puiſque l'Amour eſt vn
mouuement de l'Appetit qui vnit l'Ame
au Bien qu'elle connoiſt, la Haine doit e-
ſtre auſſi vn mouuement qui ſepare l'Ame
du Mal dont ell'a connoiſſance. Mais encore par ce que le Mal ne doit pas auoir
plus de priuilege que le Bien qui n'entre
iamais dans l'Ame que par ſon image, il
faut de neceſſité que ſi l'Amour n'vnit pas
l'Ame auec la choſe qui eſt bonne en effet, mais ſeulement auec l'image qu'elle
s'en eſt formée, la Haine ne la ſepare pas
auſſi des choſes qui ſont effectiuement
mauuaiſes, mais ſeulement de l'image &
de l'idée qu'elle en a conceuë.

Et certainement ſi la Haine demandoit
vne autre ſeparation que celle là, quand
l'Ame hayroit le mal abſent elle feroit vn
effort inutile ; car elle ſe voudroit ſeparer

d'vne chofe de laquelle elle fçait qu'ell'eſt
defia feparée : ET quand mefme il feroit
prefent, n'en pouuant eſtre reellement touchée, puifque l'eſtre veritable des chofes
ne va point iufqu'à elle, elle tafcheroit vai-
nement de s'eſloigner d'vn ennemy qui ne
la peut iamais aborder. Il n'y a donc que
l'image & l'idée du mal de laquelle l'Appetit fe puiffe veritablement feparer; puifqu'il n'ya qu'elle qui luy foit veritablement
prefente, n'y ayant rien de prefent à l'A-
me que ce qui y entre par la connoiffance.

Et fans doute qui confiderera bien la
liaifon & le rapport qu'il y a entre l'Appetit & l'Imagination, & que peut-eſtre toute la difference qui eſt entr'eux, n'eſt autre que celle qu'il y a d'vne chofe qui fe
meut, à elle-mefme quand elle eſt en repos, il fera contraint d'aduoüer que comme l'affirmation & la negation font les deux
premieres & les deux grandes operations
que l'Imagination fait fut les images des
obiets, il faut dans la conformité qu' eſt
entre ces deux puiffances, qu'il fe faffe auf-

ſi dans l'Appetit deux premiers mouuemens qui reſpondent à ces deux actions,
& qu'il y ayt vne paſſion qui ſoit comme
l'affirmation de l'Appetit, & vne autre qui
en ſoit comme la negation. De ſorte que
l'vne & l'autre ſe formant dans la partie
imaginatiue par l'vnion & par la diuiſion
des images, il faut que l'Amour & la Haine qui ſont ces deux premieres & ces deux
generales paſſions qui leur ſont ſemblables;
ſoient produites comme elles, & que dans
l'Amour l'Appetit s'vniſſe à l'image du bien,
& dans la Haine il ſe ſepare de l'image du
mal.

Ce n'eſt pas pourtant à dire que cette
faculté ne trauaille ſouuent à d'autres ſe-
parations qu'à celle là, c'eſt elle qui fait de-
ſtourner les yeux de deſſus les obiets qui
leur ſont deſagreables, qui oblige les parties à éuiter la rencontre de ce qui leur eſt
nuiſible, qui eſt cauſe enfin que le corps
s'eſloigne & ſe ſepare actuellement des choſes qui luy ſont mauuaiſes. Mais auſſi à
bien conſiderer tout ce qu'elle fait en ces
rencontres, outre que l'on peut dire qu'el-

le eft alors occupée à vne fonction publique & qui ne la regarde pas particulierement; il eft certain qu'elle n'infpire point
ces mouuemens aux organes, qu'elle ne
foit agitée auparauant de celuy qui luy
eft propre; c'eft le modele fur lequel tous
les autres fe forment, & ce qui fe paffe au
dehors d'elle n'eft que le portrait & le charactere de ce qu'elle fait en elle-mefme.
De forte que pour faire que le corps s'efloigne de ce qui le peut incommoder, il
faut que l'Appetit fe fepare auparauant de
l'image qui luy a efté reprefentée par l'imagination, & qu'apres il commande à la vertu motiue d'executer dans les organes vn
mouuement qui foit conforme au fien, &
qui efloigne effectiuement l'animal des chofes mauuaifes, comme celuy qu'il fouffre
en luy-mefme l'efloigne de l'image qui luy
en eft proposée. Mais à vray dire la Haine ne confifte pas en tous ces mouuemens
exterieurs qui n'en font que les fuites & les
effets; elle eft toute dans l'emotion interieure de l'Appetit qui s'agite ainfi pour
la conferuation de toutes les parties de l'ani-

mal, & qui fait comme vn miniſtre affe-
ctionné au bien d'vn Eſtat qui s'intereſſe
dans les affaires des peuples comme ſi c'e-
ſtoient les ſiennes propres.

Comment l'Ame ſe ſepare du mal qu'elle hait. Voila le premier crayon qui nous peut
repreſenter la nature de la Haine. Pour luy
donner maintenant les derniers traits, il
faut voir comme cette ſeparation ſe fait,
& quelle vtilité elle peut apporter à l'ame.
Car apres cela on pourra connoiſtre de
quelle ſorte elle s'agite & la fin où elle tend;
qui ſont les deux choſes qui determinent
l'eſpece de chaque mouuement & de chaque paſſion.

Pour bien s'eſclaircir de la premiere, il
faut remarquer que l'ordre que tient l'Imagination auant que d'exciter l'Appetit à ſe
mouuoir, c'eſt de former en ſoy-meſme
les images des obiets, & apres de les vnir ou
de les diuiſer pour en faire des jugemens
affirmatifs ou negatifs. Que ſi par ces jugemens elle trouue que les choſes ſont bonnes ou mauuaiſes, elle conclud à les pour-

fuiure, ou à les fuir, & au mefme moment l'Appetit s'efmeut conformement à cette conclufion. Ce qui fe doit entendre efgalement de la partie inferieure & de la fuperieure; car l'entendement a fon imagination & fon appetit auffi bien que l'ame fenfitiue.

Toute la peine qu'il y a icy eft de fçauoir comment l'Appetit fe peut mouuoir en fuitte de ces connoiffances; puifque les images dont elles font formées ne fortent point de l'Imagination, & ne peuuent feruir qu'à reprefenter les chofes, & qu'il eft inutile de les reprefenter à vne puiffance qui eft aueugle de fa nature, & qui bien loin de voir ce qui fe fait hors d'elle, ne connoift pas feulement ce qui fe paffe en elle-mefme. Qui luy peut donc alors faire fçauoir la refolution que l'Imagination a prife? qui luy peut marquer le moment où elle doit agir? et comment fçait elle fi exactement de quelle forte elle fe doit mouuoir à la rencontre des biens ou des maux qu'elle n'apperçoit jamais?

Ces difficultez que nous auons defia
touchées au Chapitre de l'Amour font fi
grandes & fi mal aifées à refoudre par les
maximes ordinaires de l'Efchole, que nous
auons efte contraints de les abandonner,
& de dire que bien que l'image qui forme
la connoiffance ne forte point de l'Imagination, elle ne laiffe pas de fe multiplier &
de fe repandre en toutes les parties de l'a-
me, de la mefme façon que la lumiere des
corps lumineux fe multiplie dans l'air qui
les enuironne.

En effet il n'eft pas vray-femblable qu'-
vne qualité fi noble comme eft cette image, n'ayt pas la vertu de fe multiplier qui
fe trouue en toutes les qualites fenfibles &
corporelles. Et on ne fçauroit comprendre comment la faculté formatrice change
quelque fois l'ordre que la nature luy a pref-
crit dans la conformation des parties, pour
fuiure les defleins que l'imagination luy
propofe, fans iuger en mefme temps qu'-
elle doit participer aux images que celle-cy
s'eft formées ; puifque fon ouurage a tant

de

de reſſemblance auec elles. Et comme elles ne peuuent iamais ſortir hors de l'Imagination, il faut de neceſſité qu'elles en produiſent d'autres qui leur ſoient ſemblables, & qui deſcendent iuſques à cette baſ-
ſe partie de l'Ame pour luy marquer la figure qu'elle doit alors donner aux organes. Dailleurs ſi la Memoire eſt vne puiſſance differente de l Imagination, il eſt neceſſaire que toutes les eſpeces qu'elle garde ſoient de cette nature, & que ce ſoient
les effets & comme les coppies de ces premieres images qui ſe font produites par la
connoiſſance & qui ne peuuent non plus
que tous les autres accidens paſſer d'vn ſujet, ny d'vne puiſſance à l'autre.

Enfin on ne ſçauroit douter de cette
verité, ſi l'on peut faire voir, qu'apres que
les images de l'Imagination ſe font effacées,
il s'en trouue encore des reſtes qui demeurent dans les autres puiſſances, & qui y
ſubſiſtent long temps apres que les autres
ſe ſont perduës. Or outre que la preuue
en eſt euidente dans la Memoire qui conſerue ainſi les ſiennes ; A laquelle meſme

l’application d’efprit nuit fouuent, & qui
fe rend moins fidele quand l’Imagination
la veut fecourir : Elle fe peut encore tirer
de ces marques que les meres donnent à
leurs enfans pendant leur groffeffe ; De cette forte de reminifcence qui demeure dans
les doigts d’vn joüeur de Luth apres mefme qu’il a oublié fes pieces ; Et de ces profondes impreffions & inclinations que certains obiets laiffent dans l’appetit & dans
la volonté. Car il eft impoffible que tout
cela arriue de la forte qu’il ne foit refté
quelques characteres de ces premieres i-
mages que l’Entendement ou l’Imagination a formées, lefquels fe conferuent dans
ces autres facultez long temps apres que
celles-cy fe font éuanoüies.

Il ne faut pas pourtant conclurre de là
que les puiffances où ces images fe font
multipliées foient du rang des facultez
connoiffantes, à caufe qu’elles ont les inftrumens qui feruent à la connoiffance :
car nous auons monftré au difcours de
l’Inftinct des Animaux, qu’vne faculté ne

peut connoiſtre qu'elle ne produiſe en ſoy-meſme les images des choſes; ᴅᴇ ſorte que celles-cy ne produiſant point les images qu'elles ont, & ne faiſant que les receuoir comme vn effet de la premiere que l'Imagination a formée, elles ne la peuuent connoiſtre d'vne connoiſſance claire & parfaite; ᴍais ſeulement de celle qui eſt obſcure & qui conuient à toutes les choſes naturelles, qui par maniere de dire connoiſſent ſans connoiſtre ce qui leur eſt conforme ou contraire. Car c'eſt ainſi que la vertu magnetique qui ſe communique au fer, luy fait connoiſtre & reſſentir la preſence de l'aymant, & l'excite apres à ſe mouuoir & à ſe porter vers luy.

Or ſi toutes ces choſes ſont veritables, il n'y aura pas maintenant grande difficulté à conceuoir la maniere dont l'Appetit s'agite en ſuite de la connoiſſance du Mal, d'autant que l'image qui le repreſente à l'Imagination, s'eſtant multipliée & reſpanduë dans cette partie de l'Ame, elle luy fait reſſentir ſa preſence & l'excite à

G ij

faire les mesmes efforts que font toutes les choses naturelles à la rencontre de ce qui leur est contraire. Car comme elles en euitent l'approche & se retirent en arriere pour s'en esloigner, l'Appetit en fait de mesme, il se separe autant qu'il peut de cette image importune, il se destourne d'elle, il la fuit ; Et quoy qu'elle luy soit tousiours presente, il fait comme vne beste qui pense en courant fuir le trait qui la blesse & qu'elle emporte tousiours auec elle.

Mais où l'Appetit se peut-il retirer en se separant ainsi de l'image du Mal ? Certainement ce ne peut estre ailleurs qu'en luymesme. C'est comme nous auons dit autrefois vn grand abysme qui dans ses propres bornes souffre tous les mouuemens que la tempeste luy peut donner. Tantost elle le pousse contre ses bords, tantost elle le contraint de les abandonner. Souuent il semble qu'elle le va faire sortir tout entier du fonds de ses gouffres, souuent qu'elle l'y va cacher tout entier ; mais quoy qu'elle puisse faire il ne sort jamais de ses limites. Quand il court vers le Bien , ou qu'il fuit le Mal, c'est luy qui se fait place à soy-mesme; s'il auance ou s'il recule , il ne gagne & ne perd rien de l'espace qu'il occupoit ; et l'on peut dire qu'il est desia où il veut aller, & qu'il demeure tousiours au lieu d'où il est party. Car enfin il faut necessairement reconnoistre dans cette vaste & profonde puissance de l'Ame , comme plusieurs & diuerses parties , qui en maniere de vagues se suiuent l'vne l'autre, & qui entretiennent le courant où elle se laisse emporter. Ainsi quand les premieres se sont separées de l'image du Mal , celles qui les suiuent succedent au mesme mouuement, & prenant alternatiuement la place les vnes des autres, elles font toutes ensemble que l'Appetit se separe & se retire continuellement de cét objet durant tout le cours de la passion.

Il est vray que cela se fait tantost auec plus de haste , & tantost plus lentement selon que le mal se presente à l'Imagina-

tion. Car quand il luy paroiſt puiſſant, &
que le danger qu'il porte auec ſoy luy
ſemble eſtre plus grand ou plus proche,
l'Appetit ſe retire auec precipitation, & ſes
parties comme des flots qui ſont battus de
l'orage ſe preſſent en foule pour s'eſloigner promptement de l'ennemy. Mais
quand il luy ſemble foible, & que le peril en eſt leger ou fort eſloigné, ce mouuement ſe fait ſans violence & ſans em-
preſſement; Et l'on peut dire que c'eſt vne
retraite pluſtoſt qu'vne fuite. Neantmoins
il eſt touſiours vray qu'en quelque façon
que l'Appetit s'agite à la rencontre du Mal,
la premiere choſe qu'il fait eſt de ſe ſeparer & de s'eſloigner de luy. Voyons donc
ce que cela luy peut ſeruir, & quelle fin
l'Ame ſe propoſe en cét eſloignement.

Pourquoy l'Ame ſe ſepare du Mal. Pour bien entendre cecy, il faut auparauant connoiſtre la nature du Mal, & ſe
reſſouuenir de ce que nous auons dit aux
paſſions precedentes, que ce mot ſe dit &
du Mal meſme, & de la cauſe qui le
produit, & qu'en l'vn & l'autre il marque

vne chofe qui eft tout à fait opposée
au Bien. Or comme c'eft le propre du Bien
de perfectionner, parce qu'il n'eft Bien
qu'en tant qu'il eft conuenable, & que rien
n'eft conuenable qui ne puiffe fe communiquer & adjoufter ce qui manquoit aux
chofes, les rendant ainfi plus entieres &
plus accomplies qu'elles n'eftoient auparauant. Il faut neceffairement que le Mal
qui eft fon contraire, rende les chofes
imparfaites, & qu'il leur ofte ou tout ou
partie de ce qu'elles doiuent auoir. C'eft
pourquoy on a eu raifon de dire qu'il e-
ftoit fatal à toutes les chofes, qu'il ne ten-
doit qu'à les corrompre & à les deftruire
& qu'il n'y en auoit aucun pour petit qu'il
fuft, qui ne leur peut caufer quelque perte ou quelque diminution.

De forte que fi la Nature a donné à toutes vne fi forte inclination de fe conferuer
& de s'vnir au Bien qui les peut rendre
parfaites; il ne faut pas douter qu'elle ne
leur ayt auffi infpiré vne tres-forte Auerfion pour tout ce qui les peut deftruire,

& qu'elle ne les ayt obligées d'euiter non
feulement la perte & l'imperfection qu'elles peuuent fouffrir , mais encore tout ce
qui les leur peut caufer. Or comme elle
ne deftine iamais les chofes à quelque fin
fans leur donner les moyens propres pour
y arriuer, apres auoir departi à celles qui
font infenfibles diuerfes facultez naturelles
pour mettre en vfage ces inclinations &
ces auerfions ; ɛll'a pour le mefme deffein
voulu donner aux animaux vne puiffance
particuliere qui fuft extrememement fouple
& mobile , afin que la connoiffance qu'ils
auoient plus claire & plus prefente, fuft
fuiuie d'vn mouuement plus prompt &
plus parfait. Et cette puiffance eft ce que
nous appellons l'Appetit, qui n'a point
d'autre employ que de fe mouuoir à la
rencontre des biens & des maux, afin qu'-
en s'vniffant aux biens , il perfectionne
l'Animal, & qu'en s'efloignant des maux,
il empefche qu'il ne tombe en quelque
imperfection.

Mais il faut remarquer deux fortes de
perfection

perfection que l'Animal peut acquerir par
le mouuement de l'Appetit. La premiere
confifte dans l'vnion qui fe fait auec l'image du Bien; parce que tout de mefme qu'il
fe perfectionne par la connoiffance en formant les images des objets; il faut auffi
qu'en s'vniffant auec elles, il acquiere quelque forte de perfection. Car bien que ce
ne foit pas l'Animal tout entier qui faffe
ces actions & qu'il n'y ayt que fon Imagination qui connoiffe & que fon Appetit
qui s'vniffe; Neantmoins puifque toutes les
fonctions des parties dont il eft composé
fe rapportent à luy & qu'il fe les attribue,
comme s'il s'eftoit employé tout entier à
les faire; il eft certain que fi l'Appetit fe
perfectionne en s'vniffant à l'image du Bien,
comme il n'en faut point douter puifque c'eft fon action naturelle; il faut que
tout l'Animal prenne part à cette perfection.

Mais à vray dire ce n'eft que le commencement d'vne autre qui luy eft plus
confiderable & plus vtile, & qui eft comme la fin & l'accompliffement de celle-là.

H

Car l'intention de la Nature n'eſt pas d'v-
nir l'Animal auec l'image du Bien ſeulement , mais auec le Bien meſme , afin qu'il
le poſſede , & qu'il en iouyſſe effectiuement. Or comme cela ne ſe peut faire que
par le mouuement du corps qui s'approche des objets qui luy ſont conuenables ,
il eſt neceſſaire que l'Appetit qui a la ſur-
intendance de tous les mouuemens volon-
taires , & ſans l'ordre duquel il n'y a point
d'organes qui ſe puiſſent mouuoir , il eſt
diſie neceſſaire qu'il les eſbranle , & qui leur
imprime les mouuemens qu'ils doiuent faire en cette rencontre. Et parce qu'il n'a
point d'autre fonction que de ſe mouuoir
il faut qu'il s'agite luy-meſme pour les
mettre en exercice , & qu'il s'vniſſe à l'image du Bien quand l'Animal ſe doit vnir à
ce qui luy eſt bon en effet.

Or tout ce que nous venons de dire de
l'vnion d'Amour ſe peut appliquer à la ſeparation qui ſe fait dans la Haine. Car il
y a meſme raiſon pour l'vne & pour l'autre , & l'Appetit ſe ſepare de l'image du

Mal, non feulement pou s'efloigner d'elle,
comme d'vne chofe qui luy eft ennemie,
mais encore pour imprimer aux organes
le mouuement qui eft propre à feparer
l'Animal de ce qui luy eft effectiuement
mauuais, comme nous auons dit cy deuant.

Mais on nous demandera peut-eftre, comment il eft poffible que l'agitation de l'Appetit excite dans les organes le mouuement
qui les doit approcher ou efloigner des
chofes qui font bonnes ou mauuaifes, puifqu'elle ne luy eft pas femblable & qu'il
n'y a pas d'apparence qu'vne chofe qui ne
s'efmeut que parce qu'ell'eft efbranlée par
vne autre, ayt vn mouuement different du
fien ? Car il eft certain que l'Appetit en
s'vniffant par exemple à l'image du Bien,
fe meut vers le fiege de l'Imagination qui
eft la fource de cette image : et ce pendant
outre que l'Animal fe meut alors vers l'objet aymé, les mufcles par le moyen defquels il s'en approche fe racourciffent , &
fe retirent en eux-mefmes pour les faire aller vers luy. Comment donc l'Appetit

peut-il imprimer en ces organes vn mouuement ſi contraire à celuy qu'il s'eſt donné ?

Cela ne ſera pas difficile à reſoudre ſi
l'on veut conſiderer l'artifice qui ſe trouue dans les machines qui vont par reſſorts,
où il y a touſiours vne maiſtreſſe rouë qui
donne le branle à toutes les autres pieces
dont elles ſont compoſées. Car bien qu'elle ne faſſe que tourner à l'entour d'elle-
meſme, elle ne laiſſe pas de faire auancer
ou reculer les autres ſelon la figure qu'elles ont, & l'vſage auquel elles ſont deſti-
nées : et ces differens mouuemens contribuent tous enſemble à faire aller la machi-
ne. Il en eſt de meſme de l'Animal, où
l'Appetit eſt comme le grand reſſort & la
premiere piece qui par ſon mouuement
met en action toutes les autres parties.
Mais c'eſt de telle ſorte que chacune ſe
meut conformement à ſa nature : car côme
les muſcles n'ont point d'autre action que
de ſe racourcir & ſe retirer vers leur principe, quand ils ſont eſbranlez par l'Appetit
quelque impreſſion qu'ils en puiſſent rece-

uoir, ils ne peuuent s'agiter que du mouuement qui leur eſt propre & naturel. Ainſi l'Appetit a beau s'approcher ou s'eſloigner de l'image qui luy eſt preſentée, il a
beau donner la meſme ſecouſſe aux muſcles qui luy doiuent obeir ; il ne ſçauroit
leur faire faire vn autre mouuement que
celuy de la contraction, parce qu'ils ne ſont
pas capables de ſe mouuoir autrement. Il
eſt vray que leur racourciſſement ſert a-
pres à faire mouuoir l'Animal conformement à la derniere fin qu'il ſe propoſe;
Car par ſon moyen il hauſſe ou abbaiſſe les
membres, il les porte à droit ou à gauche,
en auant ou en arriere, ſelon les actions
qu'il veut faire.

Il n'eſt pas neceſſaire de marquer en particulier quels ſont les maux qui font naiſtre
laHaine; car il n'en eſt pas comme des autres paſſions qui ont chacune le leur propre.
La Douleur n'a pour objet que le mal preſent, la Crainte n'a que celuy qui eſt à venir,
la Colere ne ſe laiſſe emouuoir que par l'in-
jure & ainſi du reſte : mais la Haine les a
tous pour ennemis, & tout ce qui apporte

ou peut apporter du dommage euident
ou fecret, apparent ou veritable eft capable d'exciter cette paffion.

Reprenons donc le fil de noftre difcours, & concluons que *la Haine eſt vn
mouuement de l'Appetit par lequel l'Ame
ſe ſepare & s'eſloigne du Mal, afin d'euiter le dommage qu'elle en peut receuoir.*
Il faut maintenant voir ſi cette definition
remplit iuſtement toute l'eſtenduë de cette paſſion, & ſi la Separation de l'Appetit
qui y tient lieu de difference eſſentielle,
la diſtingue parfaitement de toutes les autres qui ont le mal pour objet.

Car il ſemble d'abord que la Douleur
& la Crainte demandent le meſme mouuement, puiſque ce ſont elles qui principalement font retirer le ſang & les eſprits
au centre du corps, & qui entre toutes
les autres incitent plus puiſſament l'Animal à fuir. Outre que la Hardieſſe & la
Colere qui ſe meſlent ſi ſoüuent auec la
Haine, ne ſemblent pas pouuoir compatir

auec cette Separation ; puifqu'au lieu d'efloigner l'Appetit du mal, elles le pouffent, & le
jettent fur luy pour le combatre , & pour
le furmonter.

Pour refpondre à ces objections, il faut
remarquer que la Haine fe peut trouuer
toute feule fans eftre accompagnée des
autres paffions fafcheufes ; car on peut
hayr quelque chofe fans en reffentir de la
douleur, fans la craindre , fans auoir deffein de l'attaquer ou de luy refifter ; Et alors
l'Ame ne fouffre point d'autre mouuement
que celuy de la Separation ou de l'efloi-
gnement dont nous auons parlé.

Mais il n'en eft pas ainfi des autres Paffions qui ont le mal pour obiet ; car elles
ne peuuent iamais fe former qu'elles ne
foient accompagnées de la Haine ; Dautant
qu'il eft impoffible de voir le Mal fans le
hayr. Et fans doute celuy qui eft trifte,
qui craint ou qui defefpere, celuy qui attaque vn ennemy ou qui luy refifte, a
quelque fentiment de Haine pour les chofes qui luy caufent ces émotions. Ie ne
parle pas de cette Haine profonde qui fe

conferue fi long temps dans le cœur; mais
de ce premier mouuement d'Auerfion qui
s'efleue dans l'Ame à la veuë du Mal.

S'il eft donc vray que ces paffions fuppofent toufiours la Haine, il faut neceffairement quand elles fe forment, que l'Appetit foit toufiours efmeu de deux diuers
mouuemens, fçauoir eft de celuy qui eft
propre à la Haine, & de celuy qui eft particulier à chacune d'elles. Ainfi la Douleur & la Crainte ont chacune deux mouuemens differens, par l'vn defquels l'Ame
fe retire & s'efloigne du mal, & par l'autre elle fe refferre & fe ramaffe en elle-mefme; mais le premier appartient à la Haine
dont elle eft accompagnée, & l'autre leur
eft propre & particulier. De forte que
quand on dit qu'elles font retirer le fang
& les efprits & qu'elles obligent toutes
deux l'Animal à fuyr, ce ne font pas precifement elles qui caufent ces mouuemens,
c'eft la Haine qui les accompagne; et fi
elles y contribuent quelque chofe, c'eft là
precipitation & l'empreffement qui fe trouuent toufiours dans l'efmotion particuliere

re qu'elles ont, comme nous ferons voir
cy apres.

Mais la plus forte objection qu'on puiſſe faire contre la definition proposée, c'eſt
qu'ell'eſt tout à fait differente de celle que
les Philoſophes & les Theologiens ont don-
née à cette paſſion ; car ils diſent tous que
Hayr eſt la meſme choſe que vouloir du
mal & que la mauuaiſe volonté fait toute
la nature & toute l'eſſence de la Haine.
Mais nous auons deſia remarqué que l'on
hait beaucoup de choſes ſans leur vouloir
du mal : ne hait-on pas ainſi des alimens,
des odeurs, de certaines façons de faire ?
N'a-ton pas ainſi de la Haine pour les in-
grats & pour les menteurs ? ne hait-on
pas les tyrans qui ne ſont plus ? ne dit-on
pas meſme qu'ils nous ſont en execration
& en abomination, qui ſont des termes qui
marquent vne Haine exceſſiue, laquelle
pourtant n'eſt accompagnée d'aucune mauuaiſe volonté. D'ailleurs ſi la Haine eſt
vne Paſſion ſimple comme toute la Philoſophie eſt d'accord, comment ſe pourra-t-

La Hai-
ne n'eſt
pas la vo-
lonté de
mal faire.

elle definir par cette mauuaife volonté qui comprend tant de mouuemens & de paf-fions differentes. Car vouloir du mal à quelqu'vn c'eft non feulement luy fouhai-ter du mal ou tafcher de luy en faire, c'eft encore fe refiouïr de celuy qu'il fouffre, c'eft aymer ceux qui le perfecutent, c'eft s'affliger des biens qui luy arriuent, c'eft enfin vouloir tout ce qui eft contraire à l'amour & à la charité. Mais ie dis bien dauantage qui prendra garde à la plufpart de ces actions où confifte la mauuaife vo-lonté, les trouuera toutes contraires à la Haine ; car defirer, aymer, fe refiouïr font des mouuemens profecutifs comme parle l'Efchole, par lefquels l'Ame fe porte vers fon objet ; Au lieu que la Haine eft vn mou-uement auerfatif par lequel elle s'en efloi-gne ; ceux-là font des mouuemens affirma-tifs où l'Ame affirme & dit qu'elle veut; celuy-cy eft negatif où elle nie & dit qu'elle ne veut pas : Or pourfuiure & s'efloigner, vouloir & ne vouloir pas, font des chofes opposées qui ne peuuent compâtir enfem-ble. Et certainement quand on defire du

mal à son ennemy ou que l'on se resiouit
de celuy qui luy arriue, comme ce font
des mouuemens contraires à l'Auersion que
l'ame ressent, il faut que celle-cy cesse pour
leur faire place, comme nous dirons plus
amplement cy apres : et alors on peut dire que l'on a de la mauuaise volonté, quoy
que le mouuement de la haine n'y soit
pas à parler exactement; et par consequent
c'est la mal definir que de faire entrer en
son essence vne chose auec laquelle elle ne
peut subsister, & qui la destruit quand elle se veut ioindre auec elle.

Enfin quant que l'on ressente aucun de
ces mouuemens où consiste la mauuaise
volonté, on a de l'auersion pour la personne odieuse, & cette auersion ne peut estre
autre chose que la haine, parce que la hai-
ne est le premier mouuement que l'ame
souffre à la presence du Mal, comme
l'amour est le premier de ceux qu'ell'a
pour le Bien. La mauuaise volonté vient
donc apres la haine & par consequent c'en
est plustost l'effect ou la suite que la forme & l'essence ; ainsi la definissant par elle

c'eſt vne definition qui n'eſt point exacte & qui ſe fait par des differences qui luy ſont eſtrangeres.

Mais quoy eſt-il poſſible que toute la Philoſophie & la Theologie ſe ſoient abuſées dans la connoiſſance de la Haine? Non certainement, mais elles n'ont pas conſideré celle dont nous parlons qui eſt generale, ſimple & qui eſt le fondement de toutes les autres; Au lieu que celle qu'ils ont definie eſt vne paſſion mixte qui eſt particuliere à l'homme & la ſeule qui auoit beſoin de leurs aduis & de leur correction. Car quand elles nous deffendent de hayr nos ennemis, elles ne veulent pas parler de cette premiere Haine qui conſiſte dans l'Auerſion que nous auons pour les mauuaiſes choſes, autrement elles nous engageroient en vne choſe impoſſible; Puiſque cette Auerſion eſt vn mouuement purement naturel, qui a eſté donné à l'homme pour ſa conſeruation & qui n'eſt pas en ſon pouuoir d'empeſcher; L'Ame eſtant en quelque façon neceſſitée de le ſouffrir apres que le mal eſt venu à ſa connoiſſance; Tout de meſme qu'ell'eſt forcée de ſe porter vers le Bien qu'elle connoift & de donner fon confentement aux conclufions qu'ell'a tirées des principes qui luy paroif-fent certains & euidens.

C'eft donc pour la Haine qui eft accom-pagnée de la mauuaife volonté qu'ils ont fait cette deffence, laquelle ne violente pas la nature, luy laiffant former ce premier mouuement que la connoiffance du Mal doit exciter dans l'Ame. Mais ell'en fuf-pend l'effet & ne veut pas qu'il aille iuf-qu'à la mauuaife volonté, qui eft l'enne-mie de la vie ciuile & du Chriftianifme : Ainfi elles ne trouuent pas mauuais les foins que l'on prend pour fa conferuation pouruen qu'ils ne bleffent point l'vn ou l'autre de ces facrees fources. En vn mot elles approuuent en ces rencontres tout ce que nous pouuons faire raifonnablement pour nous mefmes, mais elles condamnent tout ce que nous faifons contre les autres. Quoy qu'il en foit la Morale a cela de pro-pre de ne confiderer pas les Paffions tou-tes fimples & toutes nües, comme fait la plus haute Philofophie; mais elle les re-

garde auec toutes leurs ſuites & leurs circonſtances ; ᴇт tous les mouuemens qu'elles excitent en l'Ame & au Corps apres
qu'elles ſont formées, ne paſſent chez elle
que pour parties qui les acheuent & les
rendent completes. De ſorte qu'elle ne
prend cette premiere emotion par laquelle l'Appetit ſe ſepare de la perſonne odieuſe, que pour le fondement ou le commencement de la Haine , & croit qu'elle ne
merite le nom de Paſſion que lors qu'elle
a paſsé bien auant dans le cœur & qu'ell'y a
fait naiſtre toutes ces mauuaiſes affections
dont nous venons de parler , & qui font
vne partie des Characteres dont nous trai-
terons cy apres.

Voila ce que nous auions à dire de la nature de la Haine , où il faudroit nous arreſter ſi l'ordre que nous auons tenu ne
nous obligeoit de parler de ſes differences
les plus conſiderables , & de marquer en
paſſant ceux qui ſont les plus enclins à
cette paſſion.

Les diffe-
rences de
Quant au premier il eſt certain que la

Haine n'a point des differences effentielles *la Haine.*
& que toutes celles qu'on luy fçauroit donner ne fe peuuent tirer que des chofes qui
luy font eftrangeres, comme de la diuerfité des fujets où elle fe forme, des objets
qui l'excitent, des qualitez & des circon-
ftances qui l'accompagnent, dont il n'y a
pas vne qui puiffe changer l'efpece du
mouuement où confifte fon effence. Celle
qui eft produite par la volonté & par l'Appetit fenfitif: Celle qui a pour objet le mal
apparent & veritable: Celle qui eft raifon-
nable & injufte, qui eft grande & petite,
qui eft hardie ou timide, n'eftant point differente l'vne de l'autre en ce qui regarde
le mouuement; car en toutes, l'Ame fe fepare & s'efloigne du Mal par la mefme efmotion, & pour le mefme deffein. Elle n'a
donc que des differences accidentelles,
dont nous choifirons icy les plus importantes à noftre deffein.

Mais auant que d'entrer en cét Examen,
il faut remarquer que nous ne fuiuons pas
icy la commune façon de parler, qui ne

veut pas que le mot de Haine ſoit vn terme general & commun à toutes les differences de cette paſſion, & qui le reſerue
pour exprimer celle que les hommes ont
l'vn pour l'autre. La Philoſophie qui ne
s'aſſujettit pas touſiours à la tyrannie des
langues & de l'vſage, & qui appelle ſouuent de leur jugement à celuy de la raiſon
& de la nature, ne peut approuuer cette
diſtinction qui n'a aucun fondement. Car
puiſque le mot de Hayr eſt vn terme commun à toutes les eſpeces de la Haine, &
que l'on peut dire que l'on hait les choſes
pour leſquelles l'on a de l'Auerſion, de la
Haine, de l'Inimitié, ou de l'Horreur, il
faut neceſſairement que le mot de Haine
ſoit auſſi vn mot general. Quoy qu'il en
ſoit nous nous en ſeruons icy en ce ſens
là, & nous le confondons auec Auerſion,
qui eſt auſſi vn terme commun, mais qui
exprime la maniere auec laquelle ſe fait le
mouuement de l'Ame. Car pour ce qui
eſt de l'Inimitié c'eſt vne Haine mutuelle,
qui ne conuient proprement qu'aux hommes non plus que l'Amitié, & qui ne ſe

dit

dit des autres animaux que figurément.

Il eſt vray que dans le langage ordinai-re le mot d'Auerſion eſt quelque choſe de moins que la Haine : Car il y a de perſon-nes pour leſquelles on a de l'Auerſion, qu'on ne voudroit pas dire que l'on hait : Et pour l'ordinaire elle n'eſt pas ac-compagnée de la mauuaiſe volonté, puiſ-que l'on a de l'Auerſion pour des alimens & pour quantité d'autres choſes auſquel-les on ne veut point de mal. Il ſemble mê-me que c'eſt vne ſorte de Haine qui a ſon fondement dans la nature : car on ne dit point que l'on ayt Auerſion pour ceux qui nous ont fait iniure ou qui nous veulent du mal, mais ſeulement contre ceux qui ont quelque deffaut qui eſt eſloigné de no-ſtre humeur, de noſtre couſtume & d'au-tres choſes qui nous ſont en quelque fa-çon naturelles. D'ailleurs ce mot non plus que celuy de Haine ne s'applique point aux choſes inſenſibles, & ce n'eſt pas par-ler exactement de dire que la vigne a de la Haine ou de l'Auerſion contre la Ruë

Les diuers noms que l'on donne à la Hai-ne.
L'Auer-ſion.

K

ou contre les Choux. Ie croy mefme que
la delicateffe de noftre langue ne fouffre
pas qu'on les employe pour les Animaux,
& ce n'eft à mon aduis que dans le Dogma-
tique où elle fouffre que l'on die que la Brebis a de l'Auerfion & de la Haine pour le
Loup. Quoy qu'il en foit fi l'Auerfion ne
fait vne efpece particuliere de la Haine ,
c'en eft vn des premiers degrez : car la Haine commence ordinairement par le dégouft des perfonnes & des chofes, ell'en
vient apres à l'Auerfion, & puis à la Haine parfaite & complete , enfin elle paffe à
l'Horreur, à l'Execration, à l'Abomination.

Le Degouft qu'on a contre les perfonnes.   Le *Dégouft* n'appartient proprement
qu'au fens du gouft, & n'appartient à l'Ame
que par metaphore. De forte que comme
on eft dégoufté des alimens auant que de
les auoir à contrecœur, auffi le premier
mouuement que l'Ame fouffre à la prefence des chofes qui defplaifent eft le Dégouft qui fe change apres en Auerfion ou
autre forte de Haine.

L'*Horreur* est encore vn terme metapho- *L'Horreur*
rique qui a pris son origine de l'alteration
que la Peur produit sur le corps à la rencontre d'vne chose extremement formidable :
Car l'Ame qui est surprise par le peril où
elle va tomber, fait subitement retirer les
esprits au cœur; et par cette retraite le frisson suruient aux parties exterieures, la
peau se resserre & se rend inesgale, & la
respiration qui deuient entrecoupée &
tremblottante forme vn certain son que le
mot d'Horreur exprime en quelque maniere. Quand on dit donc que l'on a Horreur
pour quelque chose, ou qu'vne chose est
en Horreur, on veut exprimer par là, qu'-
ell'est capable de donner la mesme esmotion
que l'on a pour les choses formidables, &
que l'Ame ressent à proportion le mesme
changement que le corps souffre dans vne
extréme Peur; car ell'est surprise & eston-
née, elle r'entre toute en elle-mesme &
fuit autant qu'elle peut l'objet odieux qui
se presente à elle.

Le terme d'*Execration* est venu des Ce- *L'Execra-*
tion.

remonies de la Religion qui de tout temps
& parmy toutes fortes de peuples ont efté
employées pour maudire & deuoüer aux
furies certaines perfonnes qui auoient commis quelque notable impieté, & c'eft fans
doute le contraire de Confecration. De
forte qu'il ne faut pas s'eftonner fi on l'a
tranfporté aux crimes atroces & aux perfonnes qui les commettent ; comme fi l'on
vouloit marquer par cette façon de parler
qu'ils meritent d'eftre maudits, excom-
muniez & dêuoüez à la vangeance diuine.

L'Abo-
mination.   Le mot d'*Abomination* eft pris des mauuais prefages qui ne paroiffent iamais fans
donner de la terreur, & fur ce fondement
on s'en eft ferui pour defigner des perfonnes & des chofes deteftables, comme fi
c'eftoient des prodiges mal-encontreux que
le Ciel enuoye aux hommes en fa colere, &
qui doiuent exciter la mefme Horreur
qui vient de ces fignes efpouuantables.

La Dete-
ftation.   Le terme de *Deteftable* approche de la
fignification des precedens ; car il s'employe

au mefme fens que Abominable & Execrable: mais l'origine en eft differente ; a
mon iugement il eft venu de ce que les
belles actions deuant eftre publiées & auoir
le tefmoignage & l'approbation de tout le
monde , les mauuaifes doiuent eftre fup-
primées & enfepuelies dans l'oubly. De
forte qu'vne perfonne ou vne action deteftable eft celle qui eft fi mefchante , qu'il
feroit à defirer qu'elle n'euft point de tef-
moins, qu'on n'en parlaft iamais & qu'elle
fuft effacée de la memoire des hommes.

Quoy qu'il en foit ces trois derniers
font à peu prez de mefme force & ne fe
difent que des actions noires, & de ceux
qui ont commis quelque crime enorme.
Mais celuy d'Horreur eft plus general, &
ne porte pas dans l'efprit l'image d'vne chofe fi odieufe que les autres: Car on dit qu'-
vne perfonne difforme donne de l'Horreur
qu'on a Horreur pour des alimens, pour
lefquels neantmoins on n'a pas vne fi grande Auerfion que celle que l'on a pour les
chofes execrables, abominables & deteftables. Mais c'eft trop s'arrefter aux mots &

K iij .

aux paroles , examinons les chofes.

*S'il y a v-
ne Haine
particulie-
re pour la
Laideur.*

Voyons premierement fi la Laideur fait vne efpece de Haine qui luy foit pro-pre & particuliere, tout de mefme que la Beauté fait naiftre vne forte d'Amour qui eft differente de celle que les autres biens ont accouftumé d'exciter. Car il femble par la loy des contraires, que comme cet-te Amour eft la plus puiffante & la plus impetueufe de toutes , il deuroit auffi y auoir vne Haine pour la Laideur qui fuft la plus forte & la plus violente que quel-qu'autre que ce foit. Cependant l'on ne voit rien dans l'Auerfion que l'on a pour les perfonnes difformes qui approche de cette violence, au contraire c'eft peut-eftre vne des plus foibles que l'on puiffe reffen-tir : Et fi l'on y prend garde , fouuent la plus eftrange difformité que l'on remar-que en vn vifage caufera pluftoft de l'ad-miration & de l'eftonnement qu'aucune forte d'Auerfion & de Haine. Quoy qu'il en foit , il eft certain que contre la Nature des Maux qui font ordinairement plus fen-

fibles que les Biens, la Laideur ne touche
pas tant que la Beauté : Cherchons-en
maintenant la r aifon.

.A ce deffein il faut fe reffouuenir que
toute forte de beauté n’excite pas ces grands
tranfports d’Amour dont nous venons de
parler, & qu’il n’y a que celle qui eft propre aux fexes qui en ayt le pouuoir. De
forte que les fexes n’ayant efté eftablis dans
les efpeces des animaux que pour les per-
petuer & les rendre en quelque façon eter-
nelles ; il eft à croire que cette Amour n’eft
la plus violente de toutes, que parce qu’elle
tend à vn bien qui eft le plus excellent &
le plus confiderable qui puiffe arriuer aux
animaux, & que la Beauté eft l’attrait qui
les excite & qui les engage à la recherche
de ce bien là.

Mais d’autant que le defir de fe perpe-
tuer & l’Amour que l’on a pour la Beauté
fe forment dans l’Ame fans qu’elle en fçache la raifon, il faut de neceffité que ces
mouuemens foient des effets de l’Inftinct
& qu’ils fuiuent ces connoiffances fecretes

que la nature a données à tous les animaux pour leur conseruation. De sorte que ces connoissances ne pouuant proceder d'ailleurs que des images qu'elle leur a imprimées dés leur naissance comme nous auons monstré au discours de l'Instinct, il s'ensuit qu'ils doiuent auoir vne image de la Beauté qui soit née auec eux, & qui par les attraits dont elle est accompagnée excite dans l'Appetit tous ces grands mouuemens dont nous auons parlé,

Si cela est ainsi la difficulté proposée sera facile à resoudre : Car la Nature n'ayant formé aucune image de la Laideur, comme ell'a fait de la Beauté, la veuë qu'on a des personnes difformes, ne touche l'Ame s'il faut ainsi dire, que superficiellement, & ne trouue pas dans l'Appetit la facilité à se mouuoir que les profondes impressions que ces images naturelles ont accoustumé d'y laisser. Or il n'y a point eu d'image de la Laideur : Premierement, parce qu'elle n'estoit point necessaire, celle de la Beauté estant capable de la faire connoistre. Secondement parce que c'estoit vne chose impossible

poſſible, la difformité n'eſtant rien qu'-
vne priuation qui de ſoy n'eſt point
limitée, & qui eſt en quelque ſorte infinie;
car pour vne ligne droite il y en a vne in-
finité de courbes; et pour cette iuſte & vnique diſpoſition où conſiſte la Beauté, il y
a vn nombre infiny de defauts qui l'alterent & qui la corrompent. Il n'y auoit
donc pas moyen de determiner par vne
ſeule image vne choſe ſi vague & qui ne
peut eſtre bornée; ou bien il euſt fallu faire autant de differens portraits qu'il ſe
pouuoit trouuer de differentes diffor-
mitez en chaque partie du corps. Ce
qui ne peut iamais entrer dans les deſſeins
de la Nature qui abhorre l'infiny & ſe re-
duit touſiours aux moyens les plus ſimples & les plus courts qu'elle puiſſe trouuer pour arriuer à ſes fins.

Mais quand on ne voudroit pas approuuer la doctrine de ces Images que nous
auons pourtant aſſez bien eſtablie ailleurs,
& qu'on vouluſt en demeurer a cette Inclination aueugle qui pouſſe les choſes à
leur fin ſans aucune connoiſſance, il ſeroit

aisé de dire qu'il y a vne fecrete puiffance,
qui pour la conferuation de l'efpece force
& pouffe violemment l'Ame à la recherche
de la Beauté, mais qu'il n'y a rien qui la
violente pour fuir la Laideur ; qu'ainfi il
ne faut pas s'eftonner fi l'Amour que cette contrainte luy donne eft plus forte que
la Haine où elle s'engage fans y eftre forcée.

*De la Hai-
ne natu-
relle &
des caufes
qui la pro-
duifent.*
La premiere des differences de la Haine qui fe prefente à nous eft celle qui vient
de la nature : mais ell'eft de plufieurs fortes.
Car il y en a vne qui naift auec la vie &
ne depend point de la conftitution du
corps, ell'eft comme grauée & imprimée
dans l'Ame & deuance toute la connoiffance des fens : telle eft celle de la Brebis enuers le Loup, celle du Poulfin euuers le
Milan, & c'eft celle que l'on appelle Haine d'Inftinct. Il y en a d'autres qui fuiuent
la conftitution du corps, & celles-cy font
encore de deux fortes : Car les vnes font
fondées fur quelque qualité fenfible & occulte qui eft fafcheufe à l'Animal. Telle eft
celle que le Cheual a contre le Chameau,

l’Elephant contre la Cheure ; car il eſt certain qu’ils les haïſſent à cauſe de leur odeur
qu’ils ne peuuent ſouffrir. Telle eſt l’Auerſion que quelques perſonnes ont contre
certaines choſes dont ils ne peuuent ſupporter la veuë ou la preſence : Car il y en
a qui ne peuuent voir vn chat ſans horreur ; Leſcale dit qu’il ne pouuoit voir du
creſſon ſans tomber en defaillance : ET cela ne peut venir que de quelque qualité
occulte.

Les autres viennent des choſes qui ſont
contraires à nos inclinations naturelles ;
Ainſi chaque temperament a ſes inclinations propres & hait tout ce qui luy eſt
contraire. Ainſi, quoyque tous les vices
ſoient odieux parce qu’ils ſont contraires
à la raiſon, c’eſt à dire à la nature de l’homme ; il y en a pourtant qui ont plus d’Auerſion pour les vns que pour les autres. Ceux
qui ſont ſinceres hayſſent dauantage le
Menſonge, les genereux l’Ingratitude, les
vaillans la Poltronnerie & ainſi des autres. On peut mettre encore en ce rang
les inclinations que la couſtume a formées

puifque la couftume eft vne feconde nature.

Dé toutes ces fortes de Haine il y en a
qui font communes à toute vne efpece
d'animaux & ne fe trouuent jamais dans
vn particulier qu'elle ne foit en tous
les autres , comme celle d'Inftinct & celle qui vient de la conftitution generale
du corps : car toutes les Brebis hayffent
le loup , tous les Cheuaux ont auerfion
contre le Chameau. Mais celles qui viennent des proprietez occultes ou de la couftume fe peuuent trouuer dans quelques
indiuidus fans que les autres les reffentent.

D'ailleurs la Haine d'Inftinct à parler
exactement ne fe trouue que dans les beftes. Car quoy qu'il femble que les hommes hayffent le ferpent par Inftinct ; neantmoins puifque tous les enfans ne le craignent pas, & que la connoiffance qui vient
de l'Inftinct eft égale en tous les aages ; il
n'y a pas lieu de croire que les hommes
hayffent ainfi le Serpent, puifque tous les
enfans n'ont pas Auerfion contre luy. Car

nous voyons que l'aage n'apporte point de difference dans la Haine que les beſtes ont par Inſtinct & que les ʌgneaux & les Poul-ſins ont autant ou plus d'Auerſion contre le Loup ou le Milan que la Brebis & la Poule en peuuent auoir.

Ce ſeroit icy le lieu d'examiner quelle eſt la cauſe de cette Haine, d'où elle vient & comment elle ſe fait, mais outre qu'el-l'eſt propre aux beſtes & que noſtre deſſein nous engage particulierement à parler des paſſions humaines; comme le diſcours en eſt vn peu long qui romproit la ſuite des choſes que nous auons à dire, nous auons iugé à propos de le renuoyer à la fin de ce Chapitre, comme vn Epiſode ou vne di-greſſion agreable qui pour la varieté des effets merueilleux de la Nature dont ell'eſt remplie eſt capable de delaſſer l'eſprit du Lecteur.

Pour ce qui concerne donc les Auer-ſions qui ſe trouuent dans les Hommes & que l'on peut dire eſtre naturelles, elles ſont preſque infinies. Car il n'y a point

de chofe quelque bonne qu'elle foit qui fe
puiffe fauuer de la Haine de quelqu'vn
d'eux. Tel aura Auerfion contre le vin,
contre le pain ou contre tel autre aliment.
Il s'en trouuera mefme que la mufique, le
ris & la ioye mettront en mauuaife humeur : ʟ'vn hayra les lettres ou les armes;
ʟ'autre ne pourra fouffrir vne perfonne de
tel poil, de telle façon , de telle humeur.
En vn mot il n'y a point de chofe qùelle
qu'elle foit, ou naturelle ou acquife, ou cor-
porelle ou fpirituelle, qui ne puiffe eftre
l'objet de l'Auerfion de quelque particulier.
Nous ne pretendons pas rendre les raifons
de toutes ces diuerfitez, il fuffit pour noftre deffein que nous difions en general
que la plus grande part de tous ces effets
depend du Temperament, de la Coûtume
& de l'Imagination. Car le Temperament
porte auec foy fes Auerfions naturelles,
vn fanguin hait les diuertiffemens ferieux
comme vn melancholique les gayz & les
enjoüez; vn bileux ne peut fouffrir les humeurs lentes & pareffeufes, non plus qu'vn
phlegmatique les ardentes & les precipi-

tées, chacun d'eux a ſes couleurs, ſes odeurs, ſes ſaueurs, en vn mot ſes objets faſcheux, comm'il en a d'autres qui luy ſont agreables. Outre le Temperament gene-ral, celuy des parties contribue encore à cette diuerſité. Les yeux foibles ne peuuent ſupporter les lumieres ny les couleurs éclatantes; il y en a qui ont la ſubſtance du cerueau ſi delicate qu'ils ne ſçauroient ſouffrir l'odeur des roſes ny des plus doux parfums. La conſtitution meſme de l'Eſtomach ſoit qu'elle procede de ſa propre temperature, ou des humeurs dont il eſt eſt abbreué, ou de la qualité des eſprits qui y abordent, eſt cauſe des Auerſions qu'il a pour cerrains alimens qui d'ailleurs ne ſont pas mauuais.

La Couſtume a auſſi grande part en cecy; car on a ordinairement Auerſion pour les choſes où l'on ne s'eſt pas habitué & qui ne ſont pas en vſage. Nous blaſmons non ſeulement les façons de faire de nos peres, mais encore celles de nos voiſins; Et il y a quantité de choſes dont quelques peuples ſe nourriſſent qui nous donnent de l'horreur, comme celles dont nous vfons leur en donnent. Mais ie dis bien plus, tel qui par complaifance tefmoignera de l'Auerſion pour quelque objet s'accouftumera à la fin à le hayr tout de bon : L'exemple noꝰ donne infenfiblement du dégouſt de certaines chofes que nous aymerions s'il ne nous auoit point preuenus ; ɛt fouuent par bigearrerie ou par galanterie on fe rebute de quelques vnes qui fe rendent par la couftume hayſſables en effet.

Mais l'Imagination eſt celle qui fait icy paroiftre dauantage fon pouuoir. Quand ell'eft bleffée il n'y a point d'objet pour vtile & agreable qu'il puiffe eftre, qu'elle ne fe le figure comme le plus horrible & abominable qu'elle puiffe rencontrer. Elle fait paroiftre à ceux qui ont la Rage toutes les liqueurs comme fi c'eftoient des poiſons ou quelque autre chofe encore de plus funefte : ɛt elle infpire aux melancholiques des Haines fi eftranges qu'il s'en trouue qui hayſſent les hommes, le ʙoire & le ᴍanger, leur propre vie & leur perſonne mefme. Mais fans l'accuſer des deſ-

ordres

ordres des maladies, dans la plus parfaite
santé elle fait abhorrer certains alimens
par le seul souuenir qu'ell'a qu'ils ont esté
autresfois nuysibles, soit par la quantité où
l'on les auoit pris, soit par quelque mauuaise qualité qu'ils auoient alors. Cependant s'il arriue qu'on les mange sans qu'elle en soit aduertie, l'estomach les souffre
& ils ne donnent point ces oppressions, &
ces autres accidens qui ne manquent point
à suruenir quand elle sçait qu'on les a mangez. D'ailleurs estant si legere & vaga-
bonde comm'ell'est, elle passe en vn moment d'vne qualité à l'autre; et le plus souuent d'vne chose indifferente elle tire des
consequences à d'autres qui luy sont fascheuses; d'vne parole, d'vn regard, de la
moindre action, elle jugera qu'vne personne est de telle ou telle humeur, & formera
ainsi ses Inclinations & ses Auersions pour
elle. Dans toutes les autres choses elle se
conduit ordinairement de la mesme sorte.
Vne couleur ou vne odeur extraordinaire
luy fera croire que de bons alimens seront
tres-mauuais; vn bruit qui la surprend

M

quoy qu'il ne doiue caufer aucun mal, luy fait apprehender vn grand danger; et fi el- l'eft touchée de quelque paffion, les moin- dres chofes qu'ell'apperçoit luy font ombrage, & femblent deuoir apporter de grands obftacles à fes deffeins.

Or il n'eft pas mal aifé de conceuoir comment toutes ces Auerfions fe forment dans l'Ame ; car on voit bien qu'elles fuiuent la connoiffance ordinaire de l'Imagination qui fe laiffe conduire par quelque qualité fenfible, au jugement qu'elle fait que les chofes font mauuaifes; foit que cette qualité faffe le mal, foit qu'ell'ayt connexion auec celle qui le caufe. Car bien qu'il foit difficile de rendre la raifon ponr laquelle on hait quelques vns de ces objets dont nous venons de parler, principalement quand l'Imagination eft bleffée ; neant- moins il y a toufiours quelque chofe de fenfible qui excite l'Ame & qui l'engage en ces paffions: il faut que ceux qui font enragez voyent l'eau pour leur en donner l'auerfion ; et cette veuë fait reffouuenir l'Ame du peril dont elle croit eftre mena-

cée par cét objet. En vn mot il n'y a pas
vn de ces exemples proposez où le sens ne
conduise l'Imagination & ne luy fasse connoiftre d'abord ou par des consequences qu'.
elle tire, que les choses sont dommageables.

Mais il y en a d'autres qui entrent
si secretement dans l'Ame qu'il semble que
les sens n'y contribuent point, & que la
connoissance qui les doit preceder vienne
comme par inspiration ou par quelque
enchantement. Car il s'eft trouué des hommes qui ont eu vne si grande Auersion
contre certains animaux que non seulement ils ne les pouuoient voir sans horreur & sans tomber en defaillance, mais
qu'ils ne pouuoient mesme estre en lieu
où ces animaux fussent sans souffrir les
mesmes accidens quoy qu'ils ne les apper-
ceussent point : et il eft arriué à beaucoup
de personnes de sentir de l'effroy en pas-
sant par des lieux où il y auoit des hommes fraischement tuez, quoy qu'ils ne le
sceussent pas.

Ie sçay bien que l'on pourroit dire qu'il
faut si peu de chose à l'Imagination pour

M ij

luy donner connoiſſance de ce qu'ell'a en
Horreur, qu'il n'a fallu en ces rencontres
qu'vne foible odeur, quelque petit mouuement ou quelqu'autre legere circonſtance
pour la faire entrer en ſoupçon de la preſence de ces obiets, & qu'ainſi il n'y'a eu
là rien d'extraordinaire qui ne ſe rencontre dans les autres où ell'eſt ſecouruë des
ſens. Neantmoins puis qu'il ſe trouue des
qualitez que les ſens n'apperçoiuent point
& qui agiſſent ſi puiſſamment ſur les corps,
comme on peut iuger par les maladies con-
tagieuſes & peſtilentes, par le venin de la
Torpille qui coule le long des rets des
Peſcheurs & leur engourdit les mains,
par celuy du Crapault qui ſe reſpand en
l'air & qni aſſoupiſt la Belette, & par cent
autres obſeruations que nous auons rap-
portées au traitté de l'Amour d'inclination.
On peut croire auſſi qu'il y a quelques
Auerſions qui ſe forment par le meſme
moyen, & qu'il ſe trouue de certaines qualités ennemies qui peuuent au deſceu des
ſens ſe communiquer & alterer en ſorte
les eſprits, que l'Ame les reſſentira & ſe fi-

gurera en suite des suiets de Haine, soit
qu'elle rappelle en sa memoire ceux pour
lesquels ell'a de l'auersion, soit qu'elle s'en
imagine de nouueaux, comm'ell'a accoustumé de faire dans les songes quand il y
a quelque humeur maligne qui la trauaille. Mais parce que nous auons parlé assez
exactement en ce traicté là, de la maniere
comment ces qualitez peuuent exciter ces
passions ce seroit vne chose inutile & importune de le repeter icy. Il suffit de dire que s'il y a de ces Haines secretes soit
dans les especes des animaux, soit dans
quelques particuliers, il faut que ces vertus
occultes en soient la cause, qu'elles sortent
des suiets que l'on hait ainsi, & qu'apres
s'estre répanduës dans l'air, elles s'insinüent
dans le corps & y fassent quelque desordre
qui puisse venir à la connoissance de l'Ame,
laquelle apres agite l'Appetit & y forme
la passion de la Haine. Mais c'est trop demeurer sur cette matiere, reprenons le fil
de nostre premier dessein.

La Haine qui est opposée à la Haine ^{La Haine fortuitte.}

naturelle fe peut nommer *Fortuite* parce
qu'elle n'a point de caufe fixe & conftante
comme l'autre, mais depend des rencontres & des occafions : ell'eft commune aux
hommes & aux beftes. Il y a, dit Ariftote,
des animaux qui font toufiours ennemis
l'vn de l'autre ; mais il y en a auffi qui ne
le font que par rencontre ὅταν τύχωσι : Car
quand vn animal hait celuy qui le frappe,
quand la faim rend deux chiens ennemis
l'vn de l'autre, c'eft vne Haine fortuite &
qui n'eft pas naturelle.

Haine morale.

Dans les hommes elle fe doit proprement appeller *Haine Morale* parce qu'elle
vient des caufes morales, dont les plus communes font les outrages, la calomnie & les
pertes que l'on nous fait fouffrir. Car ces
trois chofes qui nous caufent le plus grand
& le plus fenfible dommage qui nous puiffe arriuer, excitent en nous les plus vio-
lens mouuemens de la Haine, & nous inf-
pirent cette mauuaife volonté dont nous
auons parlé cy deuant qui la rend complete & acheuée.

Ce n'eſt pas pourtant à dire que cette Haine aille touſiours iuſque là : Car on peut reſſentir toutes ces violances auec l'auerſion qu'elles doiuent exciter, ſans vouloir du mal à ceux qui en ſont les autheurs, puiſque la Morale chreſtienne nous oblige d'en vſer de la ſorte. Il ne s'enſuit pas non plus qu'il n'y ayt que cette Haine qui ſoit ſuſceptible de cette mauuaiſe volonté ; car l'Auerſion Naturelle la peut à la fin faire naiſtre, & les perſonnes qui nous déplaiſent ſe rendent quelquesfois ſi importunes que le dégouſt que l'on en a, paſſe iuſqu'à leur vouloir du mal. Cela meſme n'eſt pas particulier aux hommes, puiſque la meſme diuerſité ſe trouue dans les animaux. Car ſoit qu'ils ſoient agitez de la Haine purement naturelle ou de celle qui eſt fortuite, tantoſt ils ne ſouffrent que le ſeul mouuement d'auerſion ſans auoir deſſein de nuire à leur ennemy, tantoſt ils y ioignent le deſir & le deſſein de luy faire du mal, d'ou vient qu'ils l'attaquent & qu'ils le pourſuiuent quelquesfois iuſques à la mort.

La mauuaife volonté fe peut donc mef-
ler auec toute forte de Haine, mais il eft
certain que parmy les hommes la Haine
Morale en eft ordinairement accompagnée
& qu'en cela ell'eft differente de l'Auerfion naturelle qui l'appelle rarement à fon
fecours.

La Haine brutale. A ces deux efpeces de Haine, l'Efchole
y en adioufte deux autres qui marquent
l'excez qui fe trouue quelquesfois en cette paffion, à fçauoir la *Brutale* qui traite
fes ennemis auec tant de fureur & de rage
qu'elle femble eftre plus propre aux beftes
La Haine memelancholique. feroces qu'aux hommes. Et la *Haine melancholique* qui altere tellement la confti-
tution de l'Ame qu'elle luy fait hayr tout
ce qui eft aymable, & luy donne de l'horreur pour tous les hommes, & luy fait enfin hair fa propre vie.

Or quoy que ces deux differences ne
foient pas dans le mefme ordre que les deux
precedentes, qu'elles ne foient pas directement opposées, & que par confequent elles
ne faffent pas vne exacte diuifion de la

Haine,

Haine, elles ne laiſſent pas d'eſtre conſiderables & meritent d'eſtre examinées, pour ſçauoir d'où vient l'irregularité & l'excez qu'elles portent auec elles,

Pour ce qui regarde la premiere, quand nous dirons cy apres les cauſes de la Cruauté & de la Fureur, où la Haine ſe laiſſe quelquesfois emporter, nous aurons ſatisfait à l'examen qu'elle nous demande ; car la Haine Brutale n'eſt autre choſe qu'vne Haine cruelle & furieuſe. De ſorte qu'il ne nous reſte qu'à parler de la Melancholique.

On l'a ſans doute nommée ainſi, parce qu'elle procede de cette ſorte de melancholie qui s'appelle atrabile, & qui n'eſt autre choſe que le marc des humeurs naturelles qui ſe ſont bruſlées. Mais comme elle reçoit vne tres-grande diuerſité ſelon qu'elle ſe fait du ſang, de la bile ou de la melancholie, ſelon que ces humeurs ſont ſubtiles ou groſſieres, ſelon les diuers degrez d'embrazement qu'elles ont ſouffertes: Ce n'eſt pas icy le lieu d'entrer dans le détail de toutes ces differences quoy qu'elles

N

faſſent pourtant la plus grande & la plus
conſiderable diuerſité qui ſe trouue dans
l'eſprit & dans le courage des Hommes;
c'eſt au traitté des Temperaments où elles
doiuent eſtre examinées. Il ſuffit icy de
dire que pour produire cette eſtrange Haine dont nous parlons , il faut que l'atrabile ſoit faite d'vne bile groſſiere qui ayt
eſté bruſlée iuſqu'aux derniers degrez d'embrazement que la vie peut ſouffrir. Car
par ce moyen preſque toute l'humidité naturelle s'en eſt éuaporée, & il n'y reſte plus
s'il faut ainſi dire, que la cendre & le ſel
qui la rendent aigre, picquante & corroſi-
ue. En effet tombant ſur la terre elle la
fermente & la fait eſleuer comme feroit
le plus fort vinaigre; quand elle ſort des
veines, elle mord & ronge les parties ſur
leſquelles elle tombe; et ſa vapeur eſt ſi
ennemie du cerueau & des nerfs qu'elle
les diſſout, les fond & diſſipe toute leur vertu: d'où viennent les Apoplexies, les Para-
lyſies & autres accidens épouuantables qui
ſelon l'opinion d'Hipocrate n'ont point
d'autre cauſe que cette humeur. Eſtant

donc ſi maligne comm'ell'eſt, & eſtant ré-
panduë par toutes les veines, elle charge,
ell'irrite, ell'eſtonne toute la Nature, &
l'Ame qui la voit & qui ſent continuellement ces deſordres, tombe en vn chagrin
ſi profond & ſi opiniaſtre qu'il n'y a plus
rien qui luy puiſſe plaire; Les plus agreables objets qu'elle reçoit s'alterent & ſe
corrompent en ſe meſlant auec l'ennuy &
la peine où ell'eſt, & la vie meſme luy
deuient inſupportable. Mais ce qui rend
ces ſentimens plus faſcheux c'eſt la Crainte & le Deſeſpoir qui la ſaiſiſſent de temps
en temps. Car comme la vapeur maligne
que cette humeur exhale ſe jette dans les
arteres & dans les organes des ſens, elle
trouble la pureté des eſprits & comme vn
nuage eſpais ell'obſcurcit la clarté qu'ils
doiuent auoir; De ſorte que l'Ame voyant
cét orage qui s'amaſſe & qui va ruyner ſes
plus nobles fonctions, ſe laiſſe emporter à
la Peur & au Deſeſpoir, & ſe figure en
ſuite des objets conformes à ces paſſions.
C'eſt alors qu'vne perſonne perd le ſouue-
nir de ſes amis, de ſes occupations, & de

ſes diuertiſſemens : ᴛous les hommes luy
paroiſſent comme autant d'ennemis qu'elle
fuit & qu'elle voudroit voir perir ; enfin
elle ſe hait elle-meſme & ſe dégouſtant de
la vie elle la laiſſe conſumer peu à peu par
la triſteſſe, ou la finit par quelque violence.

La force ou la foi-bleſſe ſe trouue en toute ſorte de Haine. Nous ne voulons pas examiner toutes
les autres differences de la Haine que la
Morale a de couſtume de propoſer, parce
qu'elles ſont inutiles a noſtre deſſein : mais
il y en a vne dont ils n'ont point parlé qui
eſt ſi conſiderable & ſi importante pour
rendre raiſon des diuers effets que cette
Paſſion produit que nous ne la pouuons
oublier ſans faire tort à cét ouurage. Il
faut donc remarquer que la Haine ne ſe
peut iamais former qu'elle ne ſe trouue
accompagnée de la force ou de la foibleſſe
ou pour mieux dire de la bonne ou mauuaiſe opinion que l'on a de ſes forces. Or
comme les forces ont eſté données pour
reſiſter aux maux, ou pour les attaquer, &
que la fuite eſt le ſeul refuge de la foiblef-
ſe ; il eſt preſque impoſſible que la Haine

qui a le Mal pour objet, ne fe porte à l'vn
ou à l'autre de ces deſſeins, & qu'elle n'excite de courageuſes ou de timides Paſſions
pour vaincre ou pour fuyr le Mal qui eſt
venu à la connoiſſance de l'Ame. De là
vient que dans les perſonnes puiſſantes,
ell'eſt ordinairement ſuiuie de l'Eſperance,
de la Hardieſſe ou de la Colere, comm'elle
l'eſt du Defeſpoir, de la Crainte ou de la
Malice en celles qui ſont foibles. Et l'on
voit rarement les hommes genereux ſe laiſſer emporter à ces Inimitiez couuertes,
artificieuſes & chagrines qui regnent dans
les eſprits laſches & timides ; au contraire
ils font gloire de faire éclater leur Haine,
de pourſuiure leurs ennemis à force ouuerte, & de faire paroiſtre en leur paſſion beaucoup de confiance.

On en peut dire autant de ceux qni ſont
jeunes & robuſtes, qui ſont d'vn temperament chaud & bilieux, qui ſont de haute condition, ou qui ont la fortune fauo-
rable. Car les vns & les autres ne conçoi-
uent point de Haine qui ne ſoit genereu-
ſe & hardie, d'autant qu'ils ont tous gran-

de opinion de leurs forces. Mais les femmes & les vieillards, ceux qui font froids
& melancholiques, ceux qui font de baffe
naiffance ou accablez de miferes font fujets
à cette Haine timide & diffimulée, qui
vient de la foibleffe & de la deffiance.

Ce n'eft pas pourtant à dire que ces deux
fortes de perfonnes foient également fuf-
ceptibles de cette paffion ; comme la foibleffe eft plus exposée aux maux que la
force, & que les moindres chofes la bleffent ou la mettent en allarme, il eft certain auffi que generalement parlant ceux
qui font foibles font plus enclins à hayr
que les autres, & qu'entre tous, les melancholiques y font plus fuiets, comme nous
montrerons ailleurs. Outre ceux-là les fu-
perbes, les ambitieux, les amans & ceux
qui s'ayment trop eux-mefmes tombent
facilement en cette paffion. Les premiers
parce qu'ils croyent qu'on ne leur rend pas
l'honneur qui leur eft deu ; les ambitieux
& les amans, en vn mot tous ceux qui
pourfuiuent quelque bien enuié de beaucoup de perfonnes, parce qu'ils s'imagi-

nent que tous ceux qu'ils voyent font leurs
riuaux & leurs concurrens ; enfin ceux qui
s'ayment trop font fi delicats que les moindres chofes les offenfent , & ils ayment
tellement leurs plaifirs, que quiconque les
trauerfe tant foit peu, paffe pour leur ennemy.

QVEL EST LE
Mouuement des Esprits
dans la Haine.

TROISIESME PARTIE.

IVsqves icy nous n'auons veu mouuoir les Esprits que comme la mer quand elle monte dans ses marées, & qu'elle sort du fonds de ses abysmes pour inonder les riuages ; puisque toutes les passions qui poursuiuent le Bien ou qui attaquent le Mal, les poussent au dehors & les font sortir du cœur pour les porter aux lieux où l'Ame a besoin de leur seruice. Mais d'oresnauant nous allons remarquer leur retour & leur reflux, nous les allons voir r'entrer dans leurs sources & quitter les parties exterieures pour se cacher au plus profond des entrailles.

La Haine fait retirer les esprits au cœur. Car il est certain que les passions Timides, qui sont celles dont nous auons maintenant à parler, leur inpriment toutes cette

forte

forte de mouuement. Et quoy que la Haine & la Douleur, la Crainte & la Consternation les agitent en diuerses façons, elles ont cela de commun de les faire retirer vers leur principe, & de les faire mouuoir comme on dit de la circonference au centre. En effet quand elles abattent le visage, quand elles le font paslir, quand elles rendent les membres froids & languissans, quand elles les font trembler, cela ne peut proceder d'ailleurs que de la fuite des Esprits qui abandonnent ces parties, & qui emportent auec eux le sang & la chaleur qu'ils leur distribuoient auparauant.

Mais quand l'experience ne nous instruiroit point de cette verité, la raison toute seule nous obligeroit de croire, non seulement qu'il est comme impossible que les Esprits qui ont vne si grande liaison auec l'Ame, qui ont tant de part à ses conseils & en ses desseins, la puissent voir fuyr sans se retirer auec elle & sans l'accompagner dans sa fuite : mais encore que dans vne si parfaite monarchie, comme est cel-

O

le que la Nature a eſtablie dans le corps des animaux, il eſt neceſſaire qu'à l'abord d'vn ennemy qui ſurprend, toutes les forces ſe ramaſſent au cœur de l'eſtat pour la defenſe du Prince, & que le ſang & les Eſprits en ſe reuniſſant à leur principe, pouruoyent en meſme temps à ſa ſeureté, & à leur propre conſeruation.

Quoy qu'il en ſoit la Haine eſt vne de ces paſſions qui font retirer les Eſprits vers le cœur. Voyons maintenant comment ce reflus ſe fait; car il y a d'autres paſſions où les Eſprits ſe retirent auſſi bien que dans la Haine, puiſque la Douleur & la Crainte les font fuyr vers le cœur comme elle & que leur retraite doit eſtre differente de la ſienne.

Principe phyſique du nombre des paſſions. A ce deſſein, il faut remarquer qu'il y quatre premiers mouuemens dont les Eſprits peuuent eſtre agitez, qui reſpondent aux quatre premiers mouuemens dont les corps naturels ſont ſuſceptibles : Car comme ceux-cy peuuent monter en haut ou deſcendre en bas, ſe rarefier, ou ſe condenſer, les Eſprits peuuent auſſi ſortir du cœur qui eſt le centre de l'animal & ſe ietter au dehors, ou r'entrer en dedans, s'eſtendre ou ſe reſſerrer.

Mais parcequ'il y a des mouuemens où le Courage doit eſtre employé, & d'autres où il n'eſt point neceſſaire. Quand ces quatre premiers mouuemens ne demandent point l'employ des forces & du Courage, ils font les quatre premieres paſſions de l'Appetit concupiſcible, à ſçauoir l'Amour, la Haine, la Ioye & la Douleur. Car dans l'Amour les Eſprits ſe portent au dehors, dans la Haine ils ſe retirent au dedans, dans la Ioye ils s'eſtendent, dans la Douleur ils ſe reſſerrent.

Mais quand le Courage ſe meſle auec ces quatre mouuemens, il produit les quatre premieres paſſions de l'Appetit iraſcible, à ſçauoir la Hardieſſe & la Crainte, la Conſtance & la Conſternation ou Abbatement de courage. Car la Hardieſſe iette les Eſprits en dehors comme l'Amour, la Crainte les retire en dedans comme la Haine, la Conſtance les reſſerre comme la Dou-

leur, l'Abbatement de courage les rela ſ-
che comme la Ioye.

Or ces huit Paſſions ſont appellées Sim-
ples, parce que la nature de chacune conſiſte en vn ſeul mouuement, comme nous
venons de montrer ; Neantmoins à les bien
examiner il n'y a que l'Amour & la Haine
qui ſoient purement & abſolument ſimples ;
puiſqu'il n'y a que ces deux qui ſe puiſſent
former auec vn ſeul & vnique mouuement, les autres en ayant touſiours deux,
l'vn qui leur eſt propre où conſiſte leur eſſence, & l'autre qu'ils empruntent de l'A-
mour ou de la Haine ; parce que ces deux
paſſions ſont les premieres que le Bien ou
le Mal excitent dans l'Ame & qui par conſequent doiuent touſiours eſtre auec les
autres. Ainſi la Ioye eſt touſiours accompagnée de l'Amour, comme la Douleur l'eſt
de la Haine, parce que le meſme obiet qui
reſiouyt, fait aymer ; comme celuy qui at-
triſte, fait hayr. Doù vient auſſi que la di-
latation des Eſprits où conſiſte la Ioye eſt
touſiours precedée par le flux & le tranſ-

port que l'Amour leur fait faire ; tout de mefme que leur contraction qui fait la Douleur, eft déuancée par le reflux que la Haine a accouftumé d'exciter. On en doit dire autant de toutes les paffions de l'Appetit irafcible qui fuppofent toufiours la Haine, pour ce qu'elles ont toutes le mal pour obiet.

Mais outre ce meflange qui les rend moins fimples que les deux premieres dont nous venons de parler , elles ont par deffus toutes celles de l'Appetit concupifcible, que le Courage fe mefle auec elles, & que l'Ame eft obligée de raifonner auant qu'elle les puiffe former. Car pour employer fon Courage, il faut qu'elle penfe eftre plus forte ou plus foible que le mal & que pour ce fuiet elle compare fes forces auec les fiennes, ce qui ne fe peut faire fans raifonnement. C'eft pourquoy il ne fe faut pas eftonner fi ces paffions ne s'efleuent iamais dans le cœur, qu'apres celles de l'Appetit concupifcible ; puifqu'elles demandent vn fi long examen qui n'eft point neceffaire en celles-cy. Il eft donc certain qu'elles font moins fimples que les quatre precedentes. Mais entre elles la Hardieffe & la Crainte le font moins que la Conftance & l'Abbatement de courage : Car ces deux dernieres font dans l'Appetit irafcible , ce que l'Amour & la Haine font dans le concupifcible, ne s'y en trouuant aucune qui ne prefuppofe l'vne ou l'autre, & qui n'en foit accompagnée. Ainfi la Hardieffe, l'Efperance & la Colere font toufiours auec la Conftance, comme la Crainte, la Pitié, l'Enuie & la Ialoufie ne font iamais fans l'Abbatement de courage.

Nous pouuons donc conclurre, qu'il n'y a que l'Amour & la Haine qui foient veritablement & abfolument fimples , puifqu'il n'y a qu'elles où l'on puiffe remarquer vn feul & vnique mouuement; Et que les fix autres font appellées fimples en comparaifon de celles qui font compofées de plufieurs d'entre elles , telle qu'eft la Colere, l'Efperance, le Defefpoir, &c. Car la Colere eft compofée de la Douleur & de la Hardieffe ; l'Efperance du Defir

& de la Conſtance; ʟe Defefpoir de la Haine & de l'Abbatement de courage, & ainſi des autres dont nous parlerons auxli-
ures ſuiuans.

On nous accuſera peut-eſtre icy de n'a-
uoir pas mis le Deſir au rang des paſſions
ſimples; ᴍais nous l'auons confondu auec
l'Amour : ᴇſtant veritable que generalement parlant l'vne & l'autre ne font qu'v-
ne meſme paſſion, puiſqu'elles ont vn meſme mouuement & vn meſme objet, &
que toutes deux n'ont qu'vn ſeul contraire, qui eſt l'Auerſion, comme nous montrerons cy apres.

En tout cas ſi le Deſir eſt different de
l'Amour il eſt certain qu'il la preſuppoſe
touſiours & qu'en cette conſideration il
n'eſt pas plus ſimple que la Ioye. De forte qu'il demeure pour conſtant qu'il n'y a
que l'Amour & la Haine où les Eſprits
ſoient eſmeus d'vne ſeule & vnique ſorte
d'agitation; ᴇt que par conſequent la retraite que la ʜaine leur fait faire , n'eſt
point meſlée auec aucune contraction ,

comme dans la Douleur , ny auec aucun mouuement de courage , comme dans la Conſtance ou dans la Crainte.

Cecy ſe doit neantmoins entendre de la Haine quand ell'eſt toute ſeule. Car quand elle appelle d'autres paſſions à ſon ſecours, il eſt certain qu'elle ioint leurs mouuemens à celuy qui luy eſt propre ; Ainſi ell'eſt ordinairement accompagnée de la Hardieſſe ou de la Crainte , de la Douleur ou du Deſeſpoir, &c.

Mais pour ſçauoir comment elle ſe meſle auec elles, il faut ſe reſſouuenir de ce que nous auons dit autresfois du meſlange des paſſions. Car ou elles s'vniſſent & ſe confondent enſemble, ou bien elles ſuccedent l'vne à l'autre. Celles dont les mouuemens ſont oppoſez ſe ſuiuent ſeulement & ne s'vniſſent que par vne extreme violence, comme il arriue dans la Colere. Les autres dont les mouuemens ne ſont pas contraires peuuent facilement s'vnir & compatir enſemble. Ainſi la Haine ſe confond aiſement auec la Douleur, auec la Crainte, anec la Conſtance & auec l'Abbatement

batement de courage , parce que la fuite
n'est pas opposée à la contraction , à l'af-
fermissement ny au relaschement des forces, vne mesme chose pouuant en mesme
temps fuyr & se resserrer, fuyr & se raf-
fermir , fuyr & se relascher. Mais l'Amour,
le Desir , la Ioye & la Hardiesse ne se peuuent vnir auec la Haine , parce que leurs
mouuemens sont contraires au sien ; et
quand elles se trouuent ensemble , c'est
qu'elles se suiuent & qu'elles passent de
l'vne à l'autre à diuerses reprises. Ce qui
se fait ordinairement auec tant de vitesse
qu'il semble qu'elles se confondent , comme nous auons dit ailleurs de quelques
autres passions ; et comme nous deuons encore nous imaginer qu'il arriue quand la
Haine donne des desirs & des esperances
de nuyre à l'ennemy , ou de la Ioye de le
voir tomber en quelque mal-heur. Car
dans le moment que ces passions paroissent,
il faut que la Haine leur quitte la place,
& qu'elles aussi s'en aillent à leur tour ,
quand celle-là commence à reuenir ; pas-
sant ainsi de l'vne à l'autre , selon les di-

uerſes veuës que l'Imagination a de l'objet, & les differens deſſeins qu'elle prend
à ſon occaſion.

Or tout ce que nous venons de dire des
mouuemens de l'Ame, ſe doit entendre de
celuy des Eſprits qui leur eſt touſiours conforme; Et quand il n'y auroit qu'eux qui fuſſent eſmeus dans les paſſions, il ſeroit touſ-
jours vray de dire que ſi chacune leur demande vn mouuement particulier , celles
qui en auront de contraires ne pourront
compâtir enſemble. Et que c'eſt la raiſon
pour laquelle la Crainte ſuit touſiours plus
promptement la Haine que ne fait la Hardieſſe , & que l'on eſt ordinairement pluſtoſt ſaiſi de la Peur à la rencontre d'vn
grand mal, qu'on n'eſt touché du Deſir de le
combatre; parce qu'il faut plus de temps à
l'Ame pour donner aux Eſprits le mouuement de la Hardieſſe que celuy de la Crainte, ne pouuant les pouſſer au dehors qu'apres
leur retraite; au lieu qu'elle les peut reſſerrer au meſme moment qu'elle les retire en
dedans. Auſſi voyons-nous que l'on paſlit à
l'abord d'vn ennemy , & que quelque temps

apres la couleur remonte au visage quand
la ʜardiesse succede à la ʜaine : ᴍais quand
celle-cy doit estre suiuie de la Crainte,
le frisson & le tremblement se font sentir
dés-lors que la pasleur commence à pa-
roistre.

Apres auoir veu comment les ᴇsprits
se retirent dans la Haine, il faut mainte- *les Esprits*
nant examiner s'ils vont tousiours iusques *se retirent*
au Cœur, ou s'ils peuuent s'arrester en che- *iusques au*
min sans estre obligez d'aller iusques à luy. *cœur.*
Car il y a plusieurs rencontres où il semble que leur retraite n'est pas si longue,
& où ils se contentent de r'entrer dans le
fonds des veines sans passer plus auant.
Ainsi quand le froid vient à saisir quelque
partie du corps, & quand on se sent es-
mouuoir de quelque legere auersion, ils
peuuent bien se retirer en dedans, mais il
n'y a pas d'apparence qu'ils retournent iusques à leur source ; ᴘuisqu'ils ne causent
aucune agitation sensible dans le cœur ny
dans les arteres, & qu'il n'est pas vray-
semblable que des corps si actifs y puissent

r'entrer auec l'impetuofité qui leur eft ordinaire fans y apporter quelque changement ; ny que la Nature qui eft fi fage vouluft r'appeller ainfi fes forces, & mettre en
trouble tout fon Eftat pour vn fi foible
ennemy.

Neantmoins s'il eft vray que le Cœur
foit le fiege de l'Appetit & la fource des
efprits, & que par confequent ce foit le
lieu où fe forment les paffions , & où ces
organes commencent tous leurs mouuemens, il faut de neceffité que s'ils fe retirent dans la Haine , le premier branfle &
la premiere fecouffe s'en faffe en cette partie. Et il n'eft pas poffible de conceuoir
que cette paffion , quelque legere qu'elle
puiffe eftre, ayt le pouuoir d'agiter les efprits, & que ceux qui font les plus proches du principe d'où elle tire fa naiffance, ne foient pas les premiers qui reçoiuent l'impreffion de ce mouuement. Il
n'en eft pas comme lors que le froid ou
d'autres qualitez qui leur font ennemies,
les font retirer, parce que l'Ame ne contribuë point à ce mouuement, qui eft pu-

rement naturel, & qui leur eſt commun
auec toutes les choſes qui fuyent ce qui
leur eſt contraire ; et il ſuffit en ces rencontres qu'ils quittent les parties exterieures ſans qu'il ſoit de beſoin qu'ils aillent iuſqu'au fonds des entrailles. Mais
dans les paſſions, le mouuement qu'ils ſouffrent n'eſt pas ſimplement naturel, c'eſt
l'Ame qui l'excite par la connoiſſance, &
la faculté vitale qui reſide dans le Cœur
en a toute la direction. C'eſt pourquoy
il eſt neceſſaire qu'il commence là dedans,
& que s'il ſe remarque ailleurs, ce ſoit vn
flux & vn progrez de celuy qui s'eſt fait en
cette partie.

Cecy nous fait inſenſiblement tomber
en vne queſtion fort curieuſe & dont la
deciſion n'eſt pas peu importante au ſujet
où nous ſommes, à ſçauoir ſi au meſme
moment que les Eſprits qui ſont dans le
Cœur s'eſbranlent, tous les autres qui ſont
répandus par tout le corps ſe reſſentent
de cette agitation. Car il y a grande apparence qu'il en doit eſtre de meſme que du

battement des grandes arteres, qui ſe communique à meſme temps à toutes les autres quelque eſloignées qu’elles ſoient. Et
il ſemble que s’il y a des organes dont le
mouuement ayt deu ſe répandre ſi promptement par tous les membres, les Eſprits
ſont les premiers qui ont deu auoir cét
aduantage, tant à cauſe de leur ſubtilité
naturelle, que de la neceſſité de leur ſer-
uice. Neantmoins comme toutes les paſſions ne changent pas le viſage, & ne font
pas touſiours impreſſion ſur les parties exterieures, il y a lieu de croire que les Eſprits qui ſont en ces endroits, ne ſuiuent
pas alors le mouuement de ceux que l’A-
me agite dans le Cœur; autrement ils feroient venir la rougeur ou la paſleur ſelon
qu’ils ſont pouſſez au dehors, ou rappellez
au dedans. Ioint que la plus grande part
eſtant dans les arteres, qui par leur battement continuel les chaſſent touſiours en
auant, il n’eſt pas conceuable comment les
paſſions qui les font retirer puiſſent empeſcher le courant dont ils ſont emportez,
ny communiquer l’agitation que ſouffrent

ceux qui font dans le Cœur aux autres qui s'en font efloignez & qui courent a-uec tant d'impetuofité.

Pour fortir de cette difficulté, il faut premierement fuppofer que c'eft l'Ame qui conduit les Efprits & qui les remuë felon qu'elle le juge neceffaire, qu'ell'en employe vne partie à vne fonction, & vne partie à l'autre, & qu'elle n'interrompt pas fans grande neceffité le feruice qu'ils ren-dent dans les actions qui font les plus im-portantes & les plus neceffaires à la vie. D'ailleurs il eft certain qu'il y en a qui font plus fubtils & plus libres, & qui par con-fequent obeyffent plus promtement, que les autres qui font plus groffiers & plus attachez au corps des humeuts.

Sur ce fondement nous pouuons dire qu'il eft vray que le mouuement des Ef-prits qui font dans le Cœur fe peut com-muniquer en vn moment à tous ceux qui font répandus par tout le corps, parce que c'eft l'Ame qui les fait mouuoir laquelle eftant prefente à tous, les peut auffi tous efbranler en mefme temps. Et fans doute

dans les violentes paſſions, il n'y en a point
quelqu'eſloignez qu'ils ſoient de leur ſource, qui ne ſe reſſentent ainſi de l'agitation
qui s'y fait ; puiſque nous voyons au meſme temps qu'elles s'eſleuent, que tout le
ſang s'eſmeut, que le pouls ſe met en deſordre & que toute l'œconomie du corps ſe
dereigle : Ce qui ne peut arriuer que parce que toute la maſſe des Eſprits eſt ſouſle-
uée par la tempeſte, & que l'objet qui l'irrite paroiſt ſi puiſſant à l'Ame qu'elle juge
à propos d'y employer toutes ſes forces.

Mais il n'en va pas ainſi dans les paſſions
qui ſont foibles, ou le plus ſouuent il n'y
a aucun de ces accidens qui paroiſſe, parce qu'il n'y a que les Eſprits les plus libres,
& qui ſont les plus proches du Cœur qui
ſoient agitez, n'eſtant pas neceſſaire que
ceux qui ſont fort eſloignez, ou qui ſont
occupez aux plus nobles fonctions, quittent leur employ pour des occaſions ſi legeres & de ſi peu d'importance. C'eſt pourquoy nous pouuons aſſeurer qu'il n'y a que
ceux qui ſont dans les veines qui ayent
cette liberté ; car ceux qui coulent dans

les

les arteres ont vn employ si necessaire à la vie, qu'ils ne la peuuent abandonner que par vne grande violence, & à moins que l'Ame vouluſt arreſter le mouuement du Cœur & des Arteres, il seroit impoſſible qu'ils se peuſſent iamais retirer vers leur centre quelque paſſion qu'il y euſt qui demandaſt ce reflux, puiſque chaque battement les pouſſe en auant, & les empeſche de retourner ſur leurs pas, comme nous auons dit.

Mais quant à ceux qui ſont dans les veines & principalement ceux qui ſont les plus ſubtils & les moins attachez au corps des humeurs, ils peuuent aller & venir ſelon que l'Ame le leur commande, ſans troubler ny la coction ny le charroy du ſang ; ſoit parce que les plus groſſiers ſuppléent à leur defaut, ſoit parce que ces actions n'ayant pas beſoin de tant de diligence ny d'aſſiduité que le pouls, elles peuuent eſtre ſurſiſes pour quelque temps & donner cependant aux eſprits la liberté de ſuiure les mouuemens des paſſions qui ſuruiennent.

Q

Quoy qu'il en soit quand l'Ame forme la Haine , il faut que les Esprits qui sont répandus dans les concauitez du Cœur se retirent, & se ramaffent en son fonds, & que les autres qui sont dans les grands vaiffeaux y entrent en mesme temps & prennent la place des premiers, que ceux-cy soient suiuis de ceux qui leur sont voi-sins , & qu'enfin les plus efloignez succe-dent au mesme mouuement, si la paffion est grande. Mais elle ne va iamais iufqu'à ce point qu'elle n'entraifne le fang auec eux, & qu'elle ne caufe par confequent quel-qu'alteration dans le pouls, dans le vifage & dans les autres parties exterieures, com-me nous montrerons cy apres quand nous parlerons de fes effets. Car quand il n'y a que les Esprits les plus fubtils qui entrent dans le Cœur l'agitation en est si fecrete, & ils y tiennent si peu d'efpace qu'ils ne font aucune impreffion fenfible en cette partie.

Quel chan-
gement la
Haine Voila ce que nous auions à dire des mouuemens que la Haine excite dans les

ᴇſprits : il faut voir le changement qu'elle *cauſe dans* apporte dans la Chaleur naturelle. D'abord *la chaleur* il ſemble que toutes les Paſſions Timides *naturelle.* doiuent eſchauffer le Cœur ; puiſqu'elles y r'appellent les ᴇſprits qui ſont naturelle- ment chauds, & que la plus part excitent la ſoif, eſmeuuent la bile & rendent le le pouls plus viſte & plus frequent, qui ſont des marques aſſeurées du feu qu'elles allument dans les entrailles. D'vn autre coſté il eſt certain que la Crainte & la Conſternation refroidiſſent non ſeulement les parties exterieures, mais le Cœur meſ- me, comme il paroiſt par la petiteſſe du pouls, par l'abbattement des forces & par les maladies froides & languiſſantes qui ont accouſtumé de les ſuiure. Outre qu'il y a grande apparence que puiſque toutes les paſſions qui pouſſent les ᴇſprits au de- hors, eſchauffent, celles qui les font retirer en dedans doiuent produire vn effet tout contraire ; ᴅu moins on ne peut nier que ſi elles ne ſont pas les cauſes, elles ne ſoient les marques de la foibleſſe de la chaleur ; car quand elle eſt puiſſante & vigoureuſe l'Ame ne tombe pas facilement dans les paſſions laſches & timides.

Auant que de prendre party en vne queſtion ſi importante à noſtre deſſein, & où il y a de raiſons ſi ſpecieuſes d'vne & d'autre part, il faut ſe reſſouuenir de ce que nous auons dit tant de fois, que l'Ame ne conſidere point ſes forces, & ne conſulte point ſon courage quand elle veut former quelque paſſion de l'Appetit Concupiſcible, parce qu'elle ne voit alors le Bien & le Mal enuironné d'aucune difficulté, & que où il n'y a point de difficultez, il n'y a point lieu d'employer cette puiſſance qui eſt reſeruée pour les combattre. Mais auſſi quand elle ſe voit trauerſée par quelqu'vne & que le Mal luy paroiſt comme vn ennemy qui vient fondre ſur elle, alors elle appelle à ſon ſecours la faculté Iraſcible, & ſelon qu'elle trouue ſes forces plus grandes ou plus foibles, elle ſe reſout de ſe deffendre ou de fuyr, & forme ainſi les paſſions qui ſont courageuſes ou celles qui ſont timides.

Or comme dans les Paſſions Coura-

geufes elle excite la chaleur naturelle, qu’-
elle ouure les fources où elle eft cachée
pour la faire fortir, & qu’elle fait effort
pour produire cette flamme & pour la répandre dans les parties ; il ne faut point
douter qu’elle ne faffe tout le contraire
dans les Paffions Timides, & qu’alors elle
ne la retire & ne la r’enferme dans fes principes, qu’elle ne boufche tous les paffages
par où elle pourroit s’efcouler & qu’elle ne
laiffe ainfi dans le Cœur & dans les Efprits
qui font priuez de cette influence, vne
froideur & vne foibleffe extraordinaire.
Car la grandeur du Mal luy ayant abbattu
le courage & luy ayant perfuadé que fes
forces luy font inutiles, elle les abandonne tout à fait ; ET fans fe mettre plus en foin
de les conferuer, elle les laiffe languir &
efteindre à la fin, comme vn feu qui n’a
plus d’air ny de mouuement.

Si cela eft ainfi il eft aifé de voir, que
toutes les paffions qui font retirer les Efprits ne refroidiffent pas le Cœur, qu’il n’y
a que celles où l’Ame perd le courage ; ET
que mefme cét accident ne furuient pas

d’abord, mais quelque temps apres le premier reflux des Efprits. Car il eſt certain
qu’au commencement ils augmentent la
chaleur des entrailles y accourant auec im-
petuofite , & y portant toute l’ardeur que
l’influence du Cœur leur a communiquée.
Mais parce que cette influence vient à
ceſſer par la fuite de l’Ame, il faut qu’à la
fin cette chaleur s’affoiblisſe tout de mefme que celle de nos climats quand le So-
leil s’en eſloigne ou s’en abſente. Comme
il n’y a donc que les paſſions de l’Appetit
Iraſcible où le courage & les forces puiſſent manquer ; il n’y a qu’elles auſſi qui
puiſſent reffroidir le Cœur par la retraite
des Eſprits, & que par conſequant la Crainte & la Conſternation font les feules entre celles qui font fimples qui produiſent
cét effet, la Haine & la Douleur qui ſont
du reſſort de la partie concupiſcible n’en
eſtant pas capables fi quelqu’vne de ces
deux ne ſe meſlent auec elle. En effet
nous voyons que la Crainte & la Conſternation fi elles font violentes ou de longue durée, n’appellent point d’autres paſ-

fions à leur fecours; et comme fi c’eftoient les derniers efforts de l’Ame, elles font ordinairement fuiuies de la perte de la vie, parce qu’elles efteignent toute la chaleur naturelle. Mais les longues Douleurs font venir la Conftance, & la Haine inueterée paffe en Colere qui font des marques euidentes qu’elles ne refroidiffent pas le Cœur ny les Efprits; puifqu’elles fe font accompagner par des diuerfes paffions qui demandent de l’ardeur & des forces.

Concluons donc que la Haine en retirant les Efprits en dedans diminuë la chaleur des parties exterieures, & augmente celle du Cœur pour les raifons que nous auons dites. Mais adjouftons auffi que ces effets ne fe font point par l’ordre de l’Ame, ny pour aucun vfage qu’ell’en veuille tirer, parce que dans les paffions de l’Appetit Concupifcible, elle n’attend aucun fecours de la chaleur, ny de fes autres forces, comme nous auons dit, ces qualitez ne feruant de rien pour arriuer à la fin qu’elle s’y propofe. Ce font donc

des accidens neceſſaires qui par vne ſuite
inéuitable accompagnent touſiours la retraite des Eſprits, ſans que l'Ame s'en
auiſe ny qu'ell'ayt intention de les produire.

QVELLES SONT LES Caufes des Charadteres de la Haine.

QVATRIESME PARTIE.

COMME la Haine eft la Maiftreffe de toutes les Paffions qui ont le Mal pour objet, elle fe fert ordinaire-ment de leurs forces & de leur addreffe dans les deffeins qu'elle forme contre luy: LE plus fouuent fans qu'ell'ofe paroiftre, elle les fait agir toutes feules ; ET quelque grand que foit le defordre qu'elle caufe dans l'Ame, on a de la peine à remarquer aucun effet qui luy foit propre & qui par-te immediatement d'elle. Car felon qu'el-le fe trouue forte ou foible, ell'appelle à fon fecours les Paffions courageufes ou ti-mides, & pour l'ordinaire la Hardieffe & la Crainte font les caufes principales de tous les Mouuemens & de tous les Cha-radteres qui paroiffent en cette Paffion.

R

De sorte que sans estre obligez de parler de l'Orgueil, des desseins de Vangeance & de la Fureur qui l'accompagnent quelquesfois & qui procedent de la Hardiesse; ny de l'Estonnement, de l'Inquietude & du Desespoir, qui viennent de la Crainte; ny mesme de tous les Characteres que chacune de ces deux Passions impriment sur le corps, nous n'aurons à examiner icy que fort peu d'effets qui appartienneut particulierement à la Haine. Commençons donc par ses commencemens & voyons

Pourquoy elle naist ordinairement auec si
peu de bruit & auec tant de froideur. Car bien qu'elle entre dans l'Ame plus promptement que toutes les autres Passions, comme nous auons monstré, elle ne porte pas neantmoins auec elle le tumulte & la violence qui se trouue à la naissance de quelques vnes. Les commencemens en sont foibles & legers, souuent mesme ell'a fait grand progrez auant qu'elle se fasse reconnoistre; et à quelque excez qu'elle puisse arriuer, si elle n'est sollicitée par la Douleur, par la Crainte ou par la Colere, el-

le fait les chofes auec tant de froideur
qu'il femble que c'eft pluftoft la raifon qui
la fait agir, que le trouble & le defordre.
Tout cela vient fans doute de la nature
du mouuement qui luy eft propre, lequel
n'eft pas fufceptible de ces tranfports & de
cette violence. Car puifque l'Ame ne fait
autre chofe en cette rencontre que de fe
retirer en elle-mefme pour fe feparer &
s'efloigner du Mal, & que les Efprits qui
la fuiuent en fes mouuemens fuyent com-
m'elle cét ennemy commun & r'entrent
au fonds des entrailles : il eft comme impoffible qu'en cét eftat où elle fe r'enferme
& r'entre en foy-mefme, elle fe puiffe produire au dehors & qu'elle fe faffe paroiftre, n'ayant autre deffein que de fe cacher.
Et cela eft d'autant plus veritable, qu'elle
ne fe precipite pas dans la retraite qu'elle
fait, comme il arriue dans la Douleur &
dans la Crainte, parce qu'elle ne fe figure
pas le Mal fi grand ny fi proche, qu'elle
doiue hafter fa fuite auec l'empreffement
qu'ell'apporte en ces autres paffions. Or le
Mal ne luy paroift pas fi grand, parce qu'-

il ne luy donne pas toute la connoiffance
des defordres qu'il peut caufer, les premieres veuës qu'ell'en a la furprennant & luy
oftant la liberté de les confiderer. C'eft
pourquoy *la perfonne que l'on hait fe rend
toufiours plus odieufe* auec le temps , parce
qu'auec le temps on y découure de nouueaux fujets de Haine qui ne s'eftoient pas
fait connoiftre au commencement. Il ne
femble pas auffi eftre fi proche , autrement
il exciteroit la Douleur ou la Crainte , &
la Haine ne feroit pas toute feule comme
nous fuppofons icy. Or il faut remarquer
que le Mal peut eftre proche en deux façons, par fa Prefence ou par fa Puiffance.
Car celuy qui eft proche en effet, & qui
n'a pas le pouuoir d'agir, foit parce qu'il
eft foible de luy-mefme, foit parce que
tout fort qu'il eft il peut eftre furmonté,
paroift à l'Ame comme s'il eftoit veritablement efloigné. C'eft pourquoy les hommes courageux ne craignent pas les perils
prefens parce qu'ils croyent auoir affez de
forces pour les furmonter. Au contraire
les perfonnes foibles fe deffiant de leurs

forces, se figurent tousiours les Maux plus puissans qu'ils ne sont ; ET quoy qu'ils soient veritablement esloignez elles s'imaginent qu'ils viendront fondre sur elles à l'impourueu & qu'ils les accableront auant qu'elles ayent le temps de se mettte à couuert : DE là vient aussi que la Haine qu'elles ont pour eux est tousiours accompagnée de Crainte, & qu'elle fait connoistre d'abord le trouble qu'ell'excite dans l'Ame.

La mauuaise Volonté est vn effet si ordinaire de la Haine qu'ell'a passé dans les Escholes pour l'Essence & pour la nature propre de cette Passion. Et à la verité c'est le Charactere le plus certain qui la puisse faire connoistre. Car quand ell'en est venuë jusques là, on ne sçauroit plus douter qu'elle ne se soit saisie de l'Ame, & que mesmes elle ne soit arriuée au point qui la peut rendre complete & consommée. Cependant il est certain que toute sorte de Haine ne va pas jusques à cét excez ; il semble mesme que ce n'est pas vn effet conforme à sa nature ; puisque tous les

Mouuemens où confiste cette Mauuaise
Volonté sont differens de celuy qui luy
est propre. Car si vouloir du mal à quelqu'vn, c'est desirer de luy nuire, c'est se ré-
jouyr des maux qui luy arriuent, c'est aymer ceux qui le persecutent, c'est enfin
entreprendre sur ses biens, sur son honneur, sur sa vie ; il n'y a aucun de ces
Mouuemens qui se rapporte à la Retraite & à la Fuite où consiste la Haine : ils
luy sont mesme contraires, & il faut de
necessité qu'elle cesse quand ils viennent à
se former. D'où il faut conclurre que la
mauuaise Volonté doit estre bien vtile au
dessein que l'Ame se propose dans la Haine ; puisque nonobstant l'opposition qui se
trouue entr'elles, elle l'appelle si souuent à
son secours & que rarement voit on qu'vn
homme en haysse vn autre, qu'il ne luy
veuïlle du mal en mesme temps. Voyons
donc dequoy elle luy peut seruir & qu'ell'est
la fin pour laquelle ell'est employée. Pour
ce sujet il faut se ressouuenir que l'Ame
n'a point d'autre but ny d'autre visée dans
la Haine que de s'esloigner du Mal, pour

éuiter le dommage qu'ell'en peut receuoir.
Mais comme elle juge tres-fouuent que ce
moyen n'eft pas affez puiffant pour l'en garantir, ell'en cherche d'autres & croit que
le plus feur eft de luy ofter la puiffance de
mal faire, foit en l'affoibliffant, foit en le
détruifant tout à fait. Et c'eft de là que
viennent tous ces defirs & ces deffeins qu'-
ell'a de luy nuire ; LES entreprifes qu'elle
fait contre luy ou contre les chofes qui
luy appartiennent ; LES médifances & les ca-
lomnies dont elle noircit fa reputation ;
PARCE qu'elle croit que ce font là des
moyens propres pour diminuer ou pour
luy faire perdre la puiffance de mal faire.
Et cela eft fi veritable que quand l'Ame
penfe eftre plus forte que le Mal & qu'elle s'imagine eftre au deffus de fes attaques,
elle ne fe fert jamais de ce fecours & fe
contente de s'en efloigner fans former aucun deffein contre luy. Telle eft la Haine
des grands courages & des hommes puif-
fans contre ceux qui font foibles ; ils ne
les veulent point voir & les traittent auec
mefpris ; MAIS ils ne leur fouhaitent & ne

leur font aucun mal, ils ne se resiouyssent
point de leurs disgraces & n'enuient point
le bien qui leur arriue. Tell'est encore
celle que l'on a pour la plus part des choses insensibles ; car on en fuit bien la rencontre & la veuë, on n'en peut supporter
la presence, quelques vnes mesme donnent
de l'horreur : mais elles n'excit nt aucun
de ces mouuemens où consiste la mauuaise Volonté & personne ne dira jamais qu'il
veuïlle du mal à des pierres qui l'auront
blessé ou à des alimens qu'il n'ayme pas &
qui auront alteré sa santé. La mauuaise
Volonté est donc vn effet & vne marque
de foiblesse, & par consequent on ne doit
pas s'estonner si la Religion qui est toute
genereuse & magnanime jusques dans ses
plus basses vertus, la condamne non seulement comme la peste de la vie ciuile & du
Christianisme, mais enco e comme vne
action lasche & contraire à la perfection qu'
elle enseigne, & qu'elle tasche d'inspirer.

 La Haine est soupçonneuse & deffiante,
parce que le Mal est d'vne nature si per-
nicieuse

nicieuſe que l'Ame n'y penſe jamais qu'il *& deffian-te.*
ne la mette en peine & en ſoucy ; Elle ſçait
qu'il ſe communique plus promptement
que le Bien , qu'il eſt incomparablement
plus ſenſible que luy, & qu'elle n'en peut
eſtre ſi peu touchée , qu'elle n'en reçoiue
vn grand dommage. C'eſt pourquoy elle
l'obſerue auec ſoin, elle ſe tient ſur ſes gardes & ne ſe croit iamais ſi aſſeurée que ſa
malice ne luy ſoit ſuſpecte. Et cét effet eſt
ſi naturel à cette Paſſion, que les animaux
meſme nous en donnent à tous momens
des preuues & des exemples. Quand ils
ſentent ou qu'ils doutent que leur ennemi
eſt proche ils s'arreſtent tout court, ils iettent la veuë de tous coſtez, tout ce qui ſe
preſente à eux les allarme , le moindre
bruit les eſtonne,& l'inquietude où ils ſont
fait aſſez connoiſtre leur ſoupçon & leur
deffiance. Qu'on ne diſe point qu'il n'y a
que ceux qui ſont timides qui ſoient ſu-
iets à ces eſmotions ; On voit à toute heure que les plus forts & les plus farouches
n'en ſont pas exempts , & l'on peut dire
que la terreur qui ſaiſit le Lion quand il

entend le chant du Coq ou le bruit des rouës qui sont poussées rudement, ne peut venir d'ailleurs que du soupçon que ces choses luy donnent d'vn plus grand peril, comme nous monstrerons cy apres.

Il est vray que cela paroist bien dauantage quand la foiblesse se rencontre auec la Haine ; car estant plus exposée aux iniures ell'a peur de toutes choses & pense à tous les maux & à tous les accidens qui luy peuuent arriuer. De là vient que la mauuaise Volonté n'est jamais sans deffiance, parce qu'elle procede de foiblesse, comme nous venons de dire ; Et que la Haine des vieillards, des femmes & des melancholiques est la plus soupçonneuse de toutes, parce qu'ils sont naturellement plus foibles que les autres.

La Haine est credule. Si celuy qui hait est soupçonneux, il faut de necessité qu'il soit *Credule*, du moins en ce qui concerne les dangers où il peut tomber, les deffauts que l'on remarque en son ennemy & les desseins qu'il a de luy nuyre. Car il n'y a aucun aduis qu'on luy

puiſſe donner là deſſus, qu'il ne le perſua-
de incontinent; ʟa deffiance qu'il a de ſes
forces, la mauuaiſe opinion qu'il a de ſon
ennemy & le deſir de ſe mettre en ſeureté
luy faiſant croire facilement tout ce qu'on
luy propoſe de conforme à ſes ſentimens.
De là vient qu'il eſcoute ſi fauorablement
ceux qui l'aduertiſſent des intrigues, des
entrepriſes & des embuſches de l'ennemy
quelques ſuppoſées qu'elles ſoient ; qu'il
prend tant de plaiſir à entendre parler
de ſes deffauts , de ſes vices & de ſes
diſgraces, quoy que le plus ſouuent la mé-
diſance & la calomnie en ſoient les autheurs : ᴇt qu'enfin il ſe confie ſi aiſément
aux promeſſes qu'on luy donne de le ſecourir, aux occaſions fauorables qu'on luy
fait eſperer & à toutes les choſes qui peuuent rendre ſon party plus fort & ſa vangeance plus aſſeurée.

La Haine eſt preſque touſiours accom- *La Haine*
pagnée de l'*Enuie*, parce que les biens & *eſt enuieu-*
les proſperitez rendant les perſonnes plus *ſe.*
puiſſantes, il eſt comme impoſſible qu'elle

les voye arriuer à son ennemy sans estre touchée de la Douleur & du Desespoir où consiste l'Enuie : puisqu'elle iuge auec raison que son pouuoir croist auec son bonheur, & qu'en cét estat il sera non seulement plus capable de luy nuyre, mais encore qu'elle mesme sera moins capable de se vanger de luy. Du premier vient la Douleur qu'elle ressent, du second le Desespoir où elle tombe : Et de ces deux Passions se forme l'Enuie, comme nous dirons en son lieu.

La Haine est cruelle. Elle est ordinairement *Cruelle*, d'autant que le plus souuent ell'est foible. Car la Cruauté n'a presque point d'autre source que la foiblesse, qui persuade à l'Ame que pour se mettre en seureté elle doit prendre tous ses auantages & les porter iusques aux dernieres violances, soit pour destruire tout à fait l'ennemy, soit pour faire perdre la volonté que luy ou les autres auroient de luy nuyre. Et bien que dans ces excez elle ne fasse pas reflexion sur sa foiblesse ; il est certain neantmoins

qu'ell'en a vn secret sentiment qui se mesle
en tous ses desseins , & qui la porte sans y
penser à pouruoir à sa deffence. C'est pourquoy la Haine des femmes & des hommes
lasches est timide au commencement , &
deuient à la fin la plus cruelle de toutes,
quand leur ennemy est tombé soubs leur
puissance. Car il n'y a point d'outrages
qu'ils ne luy fassent souffrir, il n'y a point
de violence qu'ils n'exercent sur luy, & si
leur animosité va iusques à la perte de sa
vie, ils la luy ostent auec toute l'inhuma-
nité dont ils sont capables : tout mort qu'il
est ils le percent de coups, ils luy arrachent
les parties dont ils pensent auoir esté le plus
offensez, & leur rage va quelquesfois iusques à cét excez qu'ils luy deschirent le
cœur , & le mangent enfin comme des
bestes feroces.

Et certainement il y a vne *Fureur bru-* La Haine
tale, qui se mesle en cette Passion & qui est furieu-
transporte l'Ame hors d'elle-mesme , luy se.
ostant tout à fait la raison & l'humanité.
Car s'estant figuré l'ennemy plus odieux &

plus dangereux qu'il n'eſt en effet, & trouuant contre ſon attente l'occaſion de prendre auantage ſur luy , elle court auec tant
d'impetuoſité à la vangeance qu'elle ne ſe
peut plus retenir, & paſſe ainſi au delà des
bornes que la Nature leur a données. De
ſorte qu'il y a touſiours de l'excez dans les
peines qu'elle fait ſouffrir à l'ennemy ; ſa
mort meſme n'eſt pas capable d'arreſter ſa
rage ; ET ſon tranſport eſt ſi grand , qu'il
luy oſte la connoiſſance de l'eſtat où elle
l'a mis , & luy fait croire qu'apres auoir
perdu la vie il reſſent encore les outrages
qu'elle fait à ſon corps.

A la verité c'eſt là vn extréme aueuglement ; MAIS il eſt ordinaire à toutes les paſſions violantes qui troublent la raiſon &
qui l'empeſchent de voir & de diſcerner les obiets qui ſe preſentent à elle : AIN-
ſi la Colere ſe vange ſouuent ſur les choſes inſenſibles, ſouuent la Peur ſe veut ſauuer où elle trouue ſa perte ; PARCE qu'elles ne
penſent qu'a la fin qu'elles ſe ſont propo-
ſée , & ne conſiderent point les obſtacles
qui s'y rencontrent. Ainſi la Haine qui eſt

toute pleine des defirs de vangeance , &
qui ne fonge qu'aux moyens de les execu-
cuter , n'a point d'autres pensées que de
defchirer, de percer, d'arracher les membres de fon ennemy ; ET quoy qu'elle luy
ayt fait perdre la vie, elle fuit toufiours fes
premiers deffeins , & ne s'arrefte point
qu'elle n'ait fait tout ce que fa Fureur luy
a confeillé.

De ce mefme aueuglement procedent
encore la plus-part des autres extrauagan-
ces qui paroiffent au refte de fes actions.
Car il eft caufe qu'elle mefprife toutes
fortes de dangers & qu'elle s'y oppofe te-
merairement , fans fonger qu'elle fe met
au mefme peril où il veut ietter l'ennemy.
C'eft luy qui la fait recourir aux poifons,
aux malefices & aux affaffinats, fans confiderer l'horreur de ces crimes ny la honte
des fupplices qui les attendent. C'eft luy
enfin qui luy fait entreprendre ces iniuftes
violances qu'elle exerce contre les amis,
contre les feruiteurs , en vn mot contre
tout ce qu'elle croit appartenir à la perfonne odieufe; quoy qu'elle fçache bien

que toutes ces chofes n'ont point de part
à fes deffeins, & ne font point coupables
de fa malice.

La diffe-
rence qu'il
y a entre la
Haine &
la Colere.
Il eft vray que la Colere tombe auffi
dans la mefme erreur, fa violance la rendant fubiete au mefme aueuglement. Mais
il y a cette difference qu'elle veut que
l'ennemy fçache que c'eft elle qui a fait le
defordre & le dommage, au lieu que la
Haine ne s'en foucie pas, & pourueu qu'il
le fouffre elle ne fe met pas en peine de
quelle part il le reçoiue. Et cela vient de
ce qu'vn homme en Colere ne fait du mal
que pour punir celuy qui luy a fait iniure,
afin que la peine qu'il fouffre luy ofte l'enuie de retomber dans la mefme faute : or
cela feroit inutile fi celuy-cy ne fçauoit
que c'eft vn chaftiment, & qu'il vient de
la part de celuy qui eft offensé. Il n'en eft
pas ainfi de celuy qui hait, ce n'eft pas
feulement l'iniure receuë qui caufe fa paffion, toute forte de dommage la peut faire naiftre, & quoy qu'il n'en ayt encore
receu aucun, c'eft fouuent affez qu'vne perfonne

fonne foit en eftat de luy en faire pour l'obliger à luy vouloir du mal. Ainfi fon deffein n'eft pas de le chaftier ny de luy faire perdre feulement la volonté de continuer l'offence, mais il veut abfolument luy ofter la puiffance qu'ell'a de mal faire ; DE forte que pourueu qu'elle l'ayt perduë , il ne fe doit pas mettre en peine qu'elle fçache que c'eft luy qui la luy a oftée.

Il y a encore vne autre difference entre la Colere & la Haine qui vient du mefme principe ; c'eft que la Colere ceffe quand l'ennemy tombe en vn grand malheur ou qu'il vient à perdre la vie. Car tous les defirs de vangeance qu'ell'auoit auparauant tombent alors, s'il faut ainfi dire, & meurent auec luy : fouuent mefme elle deuient fenfible à fes difgraces, & fe laiffe toucher aux fentimens que la compaffion infpire pour les malheureux. Au lieu que la Haine ne fe laiffe amollir par aucun accident qui puiffe arriuer à l'ennemy , elle fe rit de fa calamité, fa mort luy donne de la joye, & quoy qu'elle deuft finir auec fa vie, elle dure encore apres qu'il n'eft plus , &

T

perſecute ſa memoire & ſa poſterité. Cela vient diſie de ce que la Colere qui ne veut & qui ne fait du mal à celuy qui luy à fait iniure, que pour luy oſter l'enuie de la continuer, perd ce deſſein auſſi toſt qu'il n'eſt plus en eſtat de l'offenſer. Et comme les grands malheurs & principalement la mort luy en oſtent le pouuoir & la volonté , il ne faut pas s'eſtonner s'ils oſtent auſſi à la Colere tous les deſirs de vangeance, & s'ils luy donnent en ſuite quelques ſentimens de pitié & de commiſeration pour les malheurs dont il eſt accablé. Mais la Haine ne s'arreſte pas ſeulement à repouſſer l'iniure ny à chaſtier celuy qui l'a faite, elle veut abſolument la perte & la ruïne entiere de l'ennemy, & quoy qu'elle n'y contribuë pas touſiours, ell'eſt touſiours bien aiſe quand ell'arriue ; parce qu'elle le conſidere comme vn mal qui la peut incommoder en pluſieurs manieres, & qui luy donne par conſequent l'auerſion & le ſoucy qu'vn obiet ſi faſcheux a de couſtume d'inſpirer. Et comme l'Ame voit que ces mouuemens ſont contraires à la tranſ-

quillité & à l'eſtat parfait de la vie, elle
taſche de s'en deffaire, en deſtruiſant la
cauſe qui les excite. C'eſt pourquoy tan-
dis que le mal luy paroiſt mal, elle ne peut
s'empeſcher qu'elle n'en deſire la perte,
on du moins, qu'elle n'ait de la joye quand
elle ſçait qu'ell'eſt arriuée. Et parce que la
reputation, les parens & les amis font partie de la puiſſance de l'ennemi, & qu'elle
peut receuoir d'eux le meſme dommage
que ſa perſonne luy fait craindre, il ne faut
pas s'eſtonner ſi ell'a pour eux la meſme
Haine qu'ell'a pour luy, ſi elle taſche auſſi
de les deſtruire, & ſi tout mort qu'il eſt
elle les pourſuit encore, comme les reſtes
de ſa tyrannie, & les inſtrumens de ſa
malice.

Dans ces ſentimens & dans ces deſſeins *La Haine*
elle n'a garde de *deuenir ſenſible* aux mal- *eſt inſen-*
heurs & aux diſgraces. Car puiſque la *ſible.*
Nature n'inſpire la compaſſion que pour
nous engager à ſecourir ceux qui ſont af-
fligez, la Haine qui ne cherche que la ruïne & la perte de la perſonne odieuſe ne

T ij

peut iamais reſſentir de la douleur pour les maux qui luy arriuent, puiſqu'elle les ſouhaite, & qu'ell'en eſt bien aiſe; ny eſtre touchée du deſir de les ſoulager, puiſqu'elle ne ſonge qu'a les accroiſtre.

Les Menaces & les Imprecations, dont ell'eſt ſi abondante y ont le meſme motif qu'elles ont dans la Colere, mais elles n'y ont pas l'ardeur & la vehemence dont celle-cy les anime. Car elles s'y font auec tant de froideur, qu'il ſemble que c'eſt la raiſon qui les inſpire pluſtoſt que la paſſion. Et c'eſt vn Charactere ſi certain de la Haine, que lors que l'on voit vn homme qui d'vn ſens raſſis & ſans emportement médit d'vn autre, le menace & luy ſouhaite quelque malheur, on peut aſſeurer que c'eſt la Haine & non pas la Colere qui le fait parler. Or le motif qu'elles ont toutes deux en cette rencontre, c'eſt d'affoiblir l'ennemi par le mal qu'elles luy preparent ou qu'elles luy deſirent. Car les Menaces ſont les marques du deſſein qu'elles veulent ou qu'elles feignent de vouloir executer elles-

mefmes ; ᴇᴛ les Imprecations le font du defir qu'elles ont que d'autres caufes plus puif-
fantes, faffent ce qu'elles ne peuuent faire
pour les deftruire, Mais elles fe font dans
la Haine auec froideur, parce que le mouuement où confifte cette paffion eft contraire à l'ardeur & à la violance qui accompagne celuy de la Colere , comme nous
auons dit cy-deuant.

Il n'y a point de paffion où *le Defpit &*
la Colere entrent fi facilement que dans la
Haine, parce qu'il n'y en a point qui ait
plus de difpofition pour les faire naiftre que
celle-là. Car puifque pour les exciter , il
faut qu'il y ait vne iniure faite à deffein,
que l'on en foit touché & qu'on ait defir de
la repouffer : il eft certain, que toutes ces
conditions fe rencontrent aifement & tres-
fouuent en celuy qui hait. Dans l'opinion
qu'il a que fon ennemi luy veut du mal,
il ne doute point qu'il ne cherche toutes
les occafions de luy faire iniure ; ʀien de
fafcheux ne luy arriue, qu'il ne l'en croye
l'autheur ou le complice ; ᴇᴛ les chofes mê-

Elle eft dé-
pite & co-
lere.

T iij

me qui font indifferentes, paffent dans fon efprit pour des effets de fa mauuaife volonté. De forte que dans le reffentiment qu'il en a, & dans le pouuoir où il penfe eftre d'en tirer la vangeance, il ne manque jamais de tomber en l'vne ou l'autre de ces paffions; lefquelles, comme nous auons montré, ne font differentes que du plus ou du moins; Le Defpit n'eftant qu'vne legere Colere qui eft proportionnée à la petiteffe de l'iniure, ou à la foibleffe dans laquelle il fe trouue qui l'empefche d'efclater d'auantage.

Ell'eft dé-
daigneufe.
On en peut dire tout autant *du Defdain & de l'Indignation*, puifque le Defdain eft vne Colere mefprifante, & que la Haine trouue mille rencontres où elle mefprife auec defpit les attaques de l'ennemi qu'elle juge ou qu'elle feint eftre peu confiderables. Pour l'Indignation, elle peut naiftre des iniures que l'on fouffre, quand on confidere qu'on ne les a point meritées, ou des biens qui arriuent à l'ennemy, dont on le croit indigne. Et ces chofes arriuent fi

fouuent dans la Haine , qu’on peut dire qu’ell’eſt à toute heure agitée de l’vn ou de l’autre de ces mouuemens.

Mais quoy qu’elle ſe laiſſe ainſi empor-ter à ces paſſions qui ſont naturellement courageuſes & hardies , cela n’empeſche pas quelle ne reſſente auſſi celles qui ſont Timides. Ell’a meſme plus de diſpoſi-tions pour celles-cy que pour les autres, parce qu’outre qu’ell’eſt ordinairement ac-compagnée de la Foibleſſe qui eſt la ſource de toutes les paſſions timides ; le mouue-ment qui luy eſt propre eſt plus conforme au leur , qu’à celuy des Courageuſes, auf-quelles il eſt directement oppoſé, comme nous auons monſtré cy-deuant. Et partant il ne faut pas s’eſtonner ſi la Crainte & le Deſeſpoir ſurprennent ſi ſouuent ceux qui hayſſent , parce qu’auec ces diſpoſitions ge-nerales ils ſe figurent que leur ennemy ne manque ny de forces ny de ruſes pour les opprimer, & qu’ils ſont à tous momens dans le peril de tomber dans les pieges qu’il leur tend, ou d’eſtre expoſez à ſa violence.

Ell’eſt ſu-iete à la Crainte au Deſeſ-poir.

Car bien que les naturels timides ſoient incomparablement plus ſuſceptibles de ces impreſſions que les autres ; ceux qui ſont courageux n'en ſont pas neantmoins exempts, puiſqu'ils paſliſſent ſouuent à la veuë de l'ennemi quelque foible qu'il ſoit, qu'il y en a qui tremblent quand ils l'abordent, & qu'en effet il peut eſtre plus puiſ-ſant qu'ils ne ſont, & leur donner des legitimes ſubiets de Crainte & de Deſeſpoir. Il eſt vray que leur Courage & la Confiance naturelle qu'ils ont en leurs forces ne ſouffrent pas long temps ces foibleſſes, ils reprennent bien-toſt les paſſions qui leur ſont conformes, & ſe condamnent eux-meſmes d'eſtre tombez en de ſi laſches ſentimens.

Ell'eſt ſu-perbe. *L'Orgueil* eſt auſſi de la ſuite de cette Paſſion, principalement quand ell'eſt ſouſtenuë du Courage. Car c'eſt la ſource du meſpris qu'elle fait de la perſonne odieuſe, des paroles arrogantes auec leſquelles elle la traite & des auantages qu'elle prend ſur elle en toutes rencontres. En effet puiſque
l'Orgueil

l'Orgueil eſt vne enfleure, & comme vne
extenſion immoderée de l'Ame, par laquelle elle s'eſleue plus qu'elle ne doit, & s'eſti-
me en ſuite plus grande qu'elle n'eſt; il ne
faut pas s'eſtonner ſi la Haine qui n'a point
d'autre but que de deſtruire l'ennemi, qui
pour ce ſujet en cherche ſi ſoigneuſement
le foible & le deffaut , & qui en diminuë
le pouuoir autant qu'elle peut : il ne faut
pas, dis-ie, s'eſtonner ſi elle ſe figure à la fin
d'eſtre plus puiſſante que luy, ſi elle con-
çoit des deſirs & des eſperances conformes à cette pensée, & ſi apres elle donne
entrée à la confiance & à la preſomption.
Car ſe rempliſſant de toutes ces chimeres,
elle s'enfle inſenſiblement, & ſe trouue enfin dans cette bouffiſſeure & dans cette
extenſion dereglée où conſiſte l'Orgueil.
Auſſi quand ell'en eſt venuë juſques là, pen-
ſant alors eſtre plus grande & plus forte
qu'elle n'eſt en effet, elle ne conſidere plus
l'ennemi que comme s'il eſtoit au deſſous
d'elle , elle le traitte auec meſpris , &
veut faire connoiſtre en toutes ſes actions
l'auantage qu'elle penſe auoir ſur luy,

V

& le peu d'eftime qu'ell'en fait.

Elle s'en- — L'*Ennüy* eft vne autre paffion où celuy
nuye. qui hait tombe facilement , quand il fe
trouue en la compagnie de fon ennemy,
ou quand il entend parler auantageufement
de luy. Car puifque c'eft vn certain chagrin inquiet qui vient à l'Ame de la durée
des chofes qui luy font defagreables , comme nous monftrerons plus amplement au
difcours de la Douleur , fe voyant enga-
gée à fouffrir vn fi fafcheux objet , le chagrin & le defpit la furprennent , elle craint
de demeurer long temps en cét eftat , elle
defire d'en fortir , & ces paffions qui
font naturellement impatientes luy donnent de l'inquietude , qui fe change fouuent en vne certaine laffitude & langueur
d'efprit où elle tombe par le peu d'efperance qu'ell'a, de voir bien-toft finir fa peine.

Ce font là les Caufes des Characteres
que la Haine imprime dans l'Ame : EXA-
minons maintenant ceux qu'elle imprime
fur le corps.

Nous auons dit au commencement qu'ils eſtoient en petit nombre , parce que c'eſt vne paſſion qui ne ſe produit guieres au dehors, le mouuement où elle conſiſte faiſant retirer l'Ame & les Eſprits au dedans.

Vn des premiers & des plus manifeſtes Characteres corporels de la Haine paroiſt dans les yeux, quand *ils ſe deſtournent pour ne voir pas l'ennemy* qui ſe preſente. Ce qui ſe fait tantoſt par vn ſimple mouuement du corps de l'œil, tantoſt en portant la teſte de l'autre coſté ; quelques fois meſme en luy tournant le dos. Et tous ces mouuemens ſont ſi propres à cette Paſſion, que lors qu'ils ſe font de deſſein formé pour ne voir pas quelque choſe qui deſplaiſt, c'eſt elle ſeule qui en eſt la cauſe. Car quand ils ſe remarquent dans la Honte, dans la Crainte, dans la Colere & dans le Deſdain, c'eſt à cauſe qu'elle ſe trouue meſlée auec elles. En effet, il n'y a point de mouuement qui exprime mieux le motif de l'Ame, & l'agitation qu'elle ſouffre dans la Haine que celuy-là. Car le deſſein

V ij

qu'elle y a c'eſt de s'eſloigner du mal, &
comme c'eſt par le moyen des ſens & du
mouuement des parties qu'elle s'vnit auec
les objets exterieurs ou qu'elle s'en ſepare, il
ne fautpas douter que les yeux, qui ſont ſes
plus nobles & ſes plus mobiles organes, ne
ſoiét les premiers qui executent ſes deſſeins.
De ſorte qu'elle ne peut mieux ny plus facilement faire connoiſtre qu'elle ſe ſepare &
s'eſloigne du mal, qu'en oſtant la veuë de
deſſus luy. Mais encore comme cét eſloignement n'eſt pas vne fuite ny vne retraite qu'elle faſſe de front, s'il faut ainſi dire,
& qu'elle ſe deſtourne de luy ſans le vouloir plus conſiderer, d'où vient qu'on a donné à ce mouuement le nom d'Auerſion,
elle fait auſſi faire aux yeux, à la teſte &
à tout le corps meſme vn pareil mouuement les faiſant tourner d'vn autre coſté.
Que ſi l'Auerſion n'eſt pas ſi grande, il n'y
a que les yeux qui ſe deſtournent ; mais
quand ell'eſt plus forte, la teſte, & enfin
tout le corps ſuiuent ce mouuement.

Elle le re-
garde de *Le Regard de trauers* eſt encore vn Cha-

ractere de la Haine , mais la Hardieſſe y a *trauers.*
grande part. Car comme il eſt compoſé
de deux mouuemens differens , l'vn par lequel les yeux ſe jettent impetueuſement ſur
l'ennemi, & l'autre par lequel la teſte ſe tourne vn peu de l'autre côté. Celuy-cy marque
l'Auerſion qu'ell'a contre luy , comme nous
venons de dire : Mais l'autre procede de la
Hardieſſe , parce que c'eſt vne ſorte d'attaque , ces regards eſtant comme autant de
traits qu'elle penſe lancer ſur l'ennemy , &
luy ſeruant ordinairement de muettes & de
ſecretes menaces. C'eſt pourquoy ils ſe remarquent auſſi dans la Colere , dans l'Indignation & dans le Deſdain , parce que
la Hardieſſe entre dans ces paſſions là. Et
generalement parlant toutes celles où l'Ame
ne fait point d'effort pour attaquer le mal
ne connoiſſent point cette ſorte de regards,
& par conſequent il faut qu'ils procedent
de la Hardieſſe , qui eſt la ſeule entre les
paſſions ſimples qui attaque.

Or quoy que le Regard de trauers ſoit
commun à toutes ces paſſions , il y a neantmoins quelques conditions qui en font la

difference & qui le rendent propre à chacune. Car dans la Colere l'ardeur & l'im-
patience qui ne la quittent jamais, le di-
ftinguent manifeftément de celuy qui fe
fait aux autres. Dans l'Indignation l'Ame
fait fecoüer la tefte, pour monftrer qu'elle
n'approuue pas que le bien ou le mal arriue à ceux qui en font indignes. Dans le
Defdain, elle fait hauffer le nez, pour marquer fon mefpris. Mais dans la Haine aucun de ces mouuemens ne paroift fi ces
paffions ne fe meflent auec elle, & il n'y a
rien qui accompagne ce Regard que la fe-
uerité qui luy eft effentielle; laquelle n'e-
ftant autre chofe qu'vne fermeté rude &
chagrine, comme nous auons monftré au
traité de la Hardieffe, confirme la pensée
que nous auons, que ce Regard eft vn effet commun à la Haine & à la Hardieffe:
puifque la prefence du mal caufe l'Auerfion & le Chagrin, & que la Hardieffe demande cette fermeté, comme vne condition propre pour attaquer.

Mais il y a deux difficultez qui peuuent
naiftre icy, l'vne, que nous auons mis ce

Regard pour vn des Characteres de la Hardieſſe conſiderée comme vne paſſion ſimple ; car ſi cela eſt la Haine ne contribuë point à cette action. L'autre , qu'il n'y a pas d'apparence que la Hardieſſe qui eſt toute courageuſe , qui a touſiours grande opinion de ſes forces , ſoit cauſe d'vn effet qui procede ordinairement de la Foibleſſe: eſtant vne choſe certaine , que ceux qui ſont foibles & qui ne ſe peuuent vanger, regardent ainſi leur ennemy ; et que ce Regard eſt autant vne marque de leur impuiſſance que de leur mauuaiſe volonté.

Pour reſpondre à la premiere , il faut ſe reſſouuenir de ce que nous auons dit , qu'il n'y a que l'Amour & la Haine qui ſoient veritablement ſimples , & que toutes les autres ne ſont appellées ainſi qu'en comparaiſon de celles qui ſont plus compoſées. En effet comme elles ont toutes le Bien ou le Mal pour objet, & que le Bien produit touſiours l'Amour , comme le Mal fait touſiours naiſtre la Haine ; elles ne peuuent jamais ſe former qu'elles ne preſuppoſent l'vne ou l'autre de ces paſſions , & par con-

ſequent la Hardieſſe qui attaque le Mal
preſuppoſe touſiours la Haine, & qu'aud
elle fait le Regard de trauers c'eſt auec le
ſecours de la Haine dont ell'eſt accompagnée.

Quand à la ſeconde, on doit remarquer
que tous les mouuemens de la Hardieſſe
ne portent pas le nom de Hardieſſe, & que
la commune façon de parler ne le donne
qu'à ceux qui ſont les plus conſiderables,
& que l'Ame employe pour vaincre les
grandes difficultez. De ſorte que ceux qui
ſont legers, de peu de durée & qui attaquent de foibles ennemys, ne prennent
point le nom de Hardieſſe, quoyque c'en
ſoient ſouuent d'auſſi veritables mouuemens que les autres. Car tout mouuement qui part du Courage pour attaquer
le mal, eſt vn veritable mouuement de la
Hardieſſe, comme nous auons monſtré. Or
quoy que les premiers né ſe rencontrent
point auec la foibleſſe, & qu'il faille pour
les produire qu'on ait beaucoup de forces,
ou du moins qu'on en ayt vne grande opinion; cela n'eſt pas neceſſaire aux autres,

&

& il n'y a point d'animal ſi foible ny ſi timide, qui ne faſſe à toute heure des efforts pour attaquer les difficultez qu'il rencontre. Ainſi il n'y a point d'inconuenient
que la ʜaine ſe trouue auec la Foibleſſe, &
qu'elle ſoit neantmoins accompagnée de
quelque ʜardieſſe pour former le Regard
dont nous parlons. Mais ſi ell'eſt animée
de cette ʜardieſſe qui eſt ſouſtenuë de la
grandeur du Courage, le Regard de trauers qu'elle forme, ſe fait auec la fierté
qui luy eſt ordinaire, comme nous auons
dit ailleurs.

Vn autre ſorte de Regard paroiſt quelquesfois dans la ʜaine, qu'il n'eſt pas aiſé
de deſcrire ny de nommer; C'eſt lors que
celuy qui hait ſe trouue engagé par neceſſité ou par bien-ſeance de regarder ſon ennemy. Car il jette les yeux ſur luy de telle
maniere, qu'il ſemble qu'il veut le voir &
ne le voir pas en meſme temps, ſa veuë
n'eſt ny ferme ny arreſtée, & la viuacité
ſemble en eſtre amortie; ᴀ tous momens
il baiſſe les paupieres, & tout ſon viſage

Elle cauſe
le regard
interdit.

X

paroiſt interdit & déconcerté. On ne peut
mieux repreſenter ce regard que par celuy
des Criminels quand ils voyent le lieu ou
les inſtrumens de leur ſupplice ; ou par
celuy que la Honte & le Reſpect ont accouſtumé d'exciter : De ſorte qu'on peut
dire que les meſmes cauſes qui le produiſent en ces rencontres, le forment auſſi dans
la Haine. Or il eſt aſſeuré que la Crainte
qui domine en ces paſſions, leur fait faire
ce Regard : Car comme elle retire les eſprits en dedans, les yeux perdent leur viuacité, & la veuë n'en peut eſtre aſſeurée:
Et dans la neceſſité où l'Ame ſe trouue de
regarder l'objet qui luy donne de la Crainte, elle forme comme vn Regard incertain
& douteux, ell'abbat de temps en temps
les paupieres & les releue tout auſſi-toſt,
pour voir ce qu'elle craint ; Et elle reſpand
ſur tout le viſage vn certain air, qui marque la ſurpriſe & l'irreſolution où ell'eſt.
Quelques vns appellent ce Regard, *Retra-*
ctus retiré, on le pourroit auſſi nommer
contraint ou interdit.

Il y a encore d'autres Regards qui ſe remarquent dans la Haine, comme le Regard faroufche, le furieux, l'inquiet, &c. Mais ils viennent de la Hardieffe, de la Colere, du Defir & des autres paffions qui fe meflent auec elle.

Si l'on prend mefme garde à ces cinq eftats où nous auons dit qu'vn homme qui hait fe peut trouuer, à fçauoir, quand il eft feul & qu'il penfe à fon ennemy; quand il entend parler de luy; quand il eft en fa prefence; quand il fe vange; et quand il ne fe peut vanger : On trouuera que tous les changemens & les alterations, qui dans ces rencontres paroiffent fur fon vifage & au refte de fon corps, ne viennent pas immediatement de la Haine, mais de ces autres mouuemens de l'Ame qui fe ioignent auec elle.

En effet *ce vifage morne, ce fourcil abbatu & ce regard fixe & immobile* qu'il a fi fouuent quand il eft feul, font les effets du chagrin que luy donnent toutes les fafcheufes pensées dont il s'entretient. Car il ne fonge pas feulement aux iniures qu'il croit auoir receuës, il confidere encore les

Le vifage propre à la Haine.

difficultez & les trauerſes où il peut tomber; il penetre dans les deſſeins de ſon ennemy, & geſne ſon eſprit pour trouuer les
moyens de s'en garantir , ou de s'en vanger.

Dans vne ſi forte application , les Eſprits
qui ſuiuent le mouuement de l'Ame ſe retirent au dedans , & emportent auec eux
la viuacité qu'ils répandoient ſur le viſage;
les ſourcils s'abbatent n'eſtant plus ſouſte-
nus par eux , & le regard ſe rend fixe &
immobile, les yeux ſe mettant en vn eſtat
conforme à l'attachement où l'Ame ſe trouue; ou pour mieux dire, demeurant dans
la meſme poſture où elle les a laiſſez en ſe
recuëillant en elle-meſme. Car ne ſongeant
plus à les faire mouuoir , & retenant les
eſprits qui les deuroient mettre en action,
ils demeurent fixes & arreſtez ſans baiſſer
les paupieres, & ſans diſcerner meſme les
obiets ſur leſquels ils ſont attachez.

Cette profonde reſuerie eſt auſſi cauſe des *Souſpirs* , qui l'interrompent de
temps en temps ; Car comme elle fait

perdre à l'Ame le souuenir des actions corporelles, ell'empesche que la respiration ne
s'y fasse aussi grande & aussi frequente qu'il
est de besoin; De sorte que pour suppléer
à ce deffaut, l'Ame est contrainte de se ré-
ueiller de temps en temps, & de faire
ces longs soufpirs pour rafraischir le Cœur
en luy donnant plus d'air, & le deschar-
geant des fumées qui s'y sont retenuës,
comme nous auons monstré plus particulierement au Traité de l'Amour, en parlant des soufpirs dont ell'est si feconde.

En suite on voit qu'il se mort les levres
qu'il branle la teste, qu'il frappe la terre
du pied & qu'il murmure entre les dents
quelques menaces. Et ce sont les effets
de la Colere, qui s'allume dans son cœur
à force de mediter sur les iniures qu'il
croit auoir receuës : Mais c'est vne Colere
qui se trouue impuissante par l'absence de
l'ennemy, & qui est contrainte de reduire sa vangeance à ces actions, comme nous
auons dit au Chapitre de la Colere.

Quand il entend parler de son ennemy La Rou-
geur.

L'Inquie-
tude.

Il rougit, le cœur luy bat, il deuient inquiet, parce que le defpit qui le faifit luy enflam-me le cœur & luy fait monter le fang au vifage : ET le trouble où il eft auec l'impa-tience qu'il a de fçauoir ce que l'on en dira, eft caufe qu'il ne peut demeurer en place ny en vne mefme pofture.

Il fecouë la
tefte.

Il hauffe le
nez.

Que fi l'on en parle auantageufement, alors *Il fecouë la tefte* pour monftrer qu'il n'en approuue pas le difcours : *Il hauffe le nez* pour faire connoiftre le mefpris qu'il en fait ; *Et forme vn ris mocqueur ou defdaigneux* pour tefmoigner qu'il fe trouue furpris par de fi ridicules & de fi extrauagantes paroles. On peut voir plus particulierement aux Traitez de la Colere & du Ris, comment tous ces effets fe produifent.

L'Ennüy
fait baail-
ler.

Mais il faut examiner icy pourquoy *Il baaille fi fouuent* quand on parle long temps à l'aduantage de fon ennemy. Car bien que l'on ne doute point que c'eft parce qu'il s'ennüye ; LA difficulté eft de fçauoir com-ment c'eft vn effet & vne marque de l'Ennüy. On dit bien que le Baaillement se fait quand la nature se veut descharger des vapeurs qui sont retenuës à l'entour du gozier & des maschoires, comme il arriue ordinairement au commencement des fievres, ou quand la coction ne s'est pas faite parfaitement, ou quand on a enuie de dormir. Parce que l'ebullition des humeurs fait esleuer quantité de fumées espaisses & grossieres au commencement des accez, que l'indigestion engendre beaucoup de flatuositez , & qu'vne partie de la vapeur qui monte au cerueau pour produire le sommeil se glisse en ces parties qui sont molles & spongieuses. C'est pourquoy la nature qui ne peut souffrir cét amas sans en estre incommodée, fait mouuoir les muscles qui sont en ces lieux , lesquels en se comprimant & se reserrant chassent ces fumées qui s'y sont introduites & font ouurir la bouche pour leur donner vn plus libre passage. Mais quoy que tout cela soit veritable, on ne voit pas comment l'Ennüy peut causer le mesme effet. Car puisqu'il faut des vapeurs pour faire baailler , il est neceffaire qu'il les trouue toutes amaffées, ou qu'il les produife de nouueau ; s'il les trouue amaffées, pourquoy ne baailloit-on pas auparauant? pourquoy ne baaille-t-on pas fans qu'il y foit? S'il les produit, ce ne peut eftre que par la retraite ou par le relafchemeut des efprits : Cependant il y a mille autres rencontres où l'vn & l'autre de ces accidens fe trouuent & ou ils font mefmes plus grands qu'ils ne font icy fans caufer le baaillement.

Pour moy ie penfe qu'il en arriue icy comme dans beaucoup d'autres effets qui fe font tantoft par deffein & pour vne fin que la Nature fe propofe, tantoft par pure neceffité. Quand la Nature agit par deffein elle fe rend maiftreffe de la matiere & la difpofe comme il luy plaift pour arriuer à fa fin : mais quand c'eft par neceffité, la matiere eft en quelque façon maiftreffe de la Nature & la contraint d'agir. Dans les exemples propofez, l'abondance des fumées oblige l'Ame à faire le baaillement pour defcharger les parties, & c'eft la matiere qui l'excite à faire ce mouuement.

Mais

Mais dans l'Ennüy il y a vne fin particuliere qu'elle fe propofe qui donne le commencement à cette action, & ces fumées
ne font que les inftrumens dont elle fe fert
pour y arriuer. La queftion eft donc de
fçauoir quell'eft cette fin , & quel eft le
but & le motif de l'Ame dans ce baaillement

Certainement fi on confidere que lors
qu'on eft feul, l'Ennüy fait rarement baailler , & que c'eft principalement en compagnie que cela arriue, on iugera incontinant
que l'Ame veut faire connoiftre l'eftat où
elle fe trouue, & qu'elle demande des tef-
moins qui prennent garde à ce qu'elle fait
comme il arriue dans le ris & dans les lar-
mes. De forte que tout de mefme que ces
actions font les marques dont elle fe fert
pour faire paroiftre la furprife agreable ou
fafcheufe qu'elle reffent ; Le baaillement eft
aufli vn figne pour lequel elle découure le
dégouft où ell'eft , & le defir qu'ell'a de
s'en defaire. Et comme dans la Douleur
elle efpraint les humiditez du cerueau pour
les faire couler en pleurs, & croit en fuite

Y

qu'en les faifant fortir elle fe defcharge de
la triftefle qu'elle reffent : Auffi dans l'Ennüy qu'elle fouffre , elle tafche de chaffer
les fumées qui font dans les mufcles comme fi la caufe de fon dégouft deuoit s'en
aller auec elles. C'eft là à mon aduis la
veritable raifon des frequens baaillemens
que fait vn homme qui fe trouue contraint
d'eftre dans la compagnie de fon ennemy
ou d'entendre parler de luy auantageufement.

Il ouure les yeux & la bou-che. Mais quand on en dit du mal, *Il auan-ce la tefte & le corps, fon front s'eftend & s'eflargit, fes yeux deuiennent plus grands, & tenant la bouche à demy ouuerte il n'ofe prefque refpirer*, qui font des effets du defir & de la joye qu'il a d'apprendre fes de-
fauts, & de l'attention qu'il apporte au re-
cit que lon en fait : Car le Defir fait auancer la tefte & le corps , la Ioye eftend le
front & l'Attention fait ouurir les yeux &
la bouche comme fi c'eftoient les paffages
par où la voix & les paroles doiuent entrer.

Et certainement quoy que l'Ame se
trompe dans l'ouuerture des yeux qui est
inutile au sens de l'ouye, & qu'elle fasse ce
mouuement par vne erreur où les passions
la font souuent tomber, luy persuadant que
ce qui est vtile à vn dessein le peut estre à
vn autre : il n'en est pas de mesme de *l'ou-*
uerture de la bouche , qui sert de quelque
chose pour entendre plus distinctement le
son & la parole. Car outre que la respiration qui se fait en ouurant la bouche ne
cause pas tant de bruit que lors qu'elle se
fait par le nez dont le passage est plus estroit,
& où par consequent l'air est plus contraint
& plus pressé ; et que la voix se fait mieux
entendre quand il n'y a point d'autre bruit
pour petit qu'il soit qui se mesle auec elle,
d'où vient mesme que l'on tasche alors de
respirer plus doucement : il est certain qu'il
y a vn canal qui va du palais au dedans de
l'oreille, & qu'vne portion du nerf qui fait
le sens de l'ouye descend dans la bouche &
se respand dans le gozier & dans la racine
des dents ; d'où vient qu'il y a de certains
sons qui font mal aux dents ; que ceux qui

Y ij

sont sourdauts ont la voix rauque, & que
la toux suruient en se nettoyant trop rudement les oreilles. Cela estant ainsi, il ne
faut pas douter qu'en ouurant la bouche,
le son qui trouue encore ce passage pour
se porter à l'ouyë, & qui rencontre les dents
qui par leur dureté & par leur seicheresse
le conseruent & le fortifient, ne fasse vne
plus forte impression sur le sens, & ne soit
par consequent plus distinctement entendu
que s'il n'y entroit que par son ouuerture
ordinaire. Et cela est si veritable qu'en se
bouschant mesme les oreilles, si on prend
auec les dents le manche de quelque in-
strument de musique, on en entendra
mieux le son que si elles estoient débou-
chées, parce que le son ne se perd pas dans
l'air, & qu'il se conserue par la secheresse
des organes à trauers lesquels il passe.

La cause *du Branlement de teste & des
mains qu'il abbaisse doucement*, pour mon-
strer qu'il approuue ce que l'on dit contre
l'ennemy, a esté expliquée dans les Characteres de la Colere. *Les Exclamations*
qu'il fait en suite sont des effets du Desir

& de la Ioye qu'il reſſent en ces occaſions.

Quand à la rencontre de l'ennemy *il paſlit,* *qu'il friſſonne & que les genoux luy tremblent* c'eſt la fuite des eſprits qui en eſt la cauſe. Mais elle procede de la Crainte ou de la Hardieſſe que cette veuë excite dans ſon Ame ; car ces deux paſſions ſont capables de produire ces effets-là , comme nous auons dit au diſcours de la Hardieſſe. Et il tombe dans l'vne ou dans l'autre ſelon l'eſtat & la diſpoſition où ſe trouue alors ſon courage.

Toutes les *violances* qu'il fait en ſuite, & le *tranſport* qui paroiſt ſur ſon viſage & dans ſes actions , viennent de la Colere & de la Fureur dont il eſt agité.

Mais lors qu'il a perdu l'eſperance de ſe vanger c'eſt la Triſteſſe , la Crainte & le Deſeſpoir qui font la plus-part de ces gran-des alterations & de tous ces changemens qui ſe voyent en luy, dont nous parlerons aux traittez de ces paſſions.

Il ne nous reſte donc plus icy qu'à exa- *Quel eſt le* *pouls de* miner *quel eſt le Pouls de la Haine.* Car les Medecins qui ont marqué celuy de l'Amour ont oublié à deſigner celuy-ey. Et il ne faut pas dire qu'ils n'en ont point parlé, parce que les contraires ſe font connoiſtre l'vn par l'autre; puiſque nonobſtant cette maxime, apres auoir montré quel eſt le pouls de la Ioye & de la Hardieſſe, ils n'ont pas laiſſé de marquer ceux de la Triſteſſe & de la Crainte. De ſorte qu'il y a grande apparence qu'ils n'ont pas connu celuy de cette paſſion, & qu'ils ont trouué que l'obſeruation en eſtoit ſi difficile à faire, qu'ils n'en ont pas oſé parler. En effet comme il eſt preſque impoſſible qu'elle ne ſoit accompagnée de la Hardieſſe ou de la Crainte, & que le Deſpit, la Triſteſſe & le Deſdain ſe meſlent à tous momens auec elle, il n'eſt pas aiſé de diſcerner le pouls qui luy eſt propre d'auec celuy que cauſent toutes ces paſſions. Ioint que c'eſt vne eſmotion ſecrete & cachée qui le plus ſouuent fait peu d'impreſſion ſur le corps, & qui par conſequent ne doit pas apporter vn grand changemét au battement des arteres.

Neantmoins si on sçait obseruer le temps
où elle est la plus tranquille, & où elle n'est
point agitée de l'orage de ces passions, on
trouuera que le pouls qui luy est naturel
est plus petit qu'à l'ordinaire, qu'il est *resser-*
ré sans estre dur, & qu'il a cette *inesgalité*
dans laquelle la cheute de l'artere se fait
plus viste que son esleuation. Et tout cela est conforme à l'esmotion que l'Ame souffre : Car comme elle se retire en elle mesme, elle inspire aux organes, & principalement à ceux qui sont les plus mobiles,
le mesme mouuement, & fait par consequent retirer les arteres empeschant qu'elles ne s'estendent & ne s'eslargissent, &
rendant mesme leur cheute plus prompte
que leur esleuation ; d'où vient que le pouls
paroist moins grand & moins esgal, en vn
mot qu'il est resserré. Mais c'est sans aucune dureté, parce que le corps de l'artere ne
se durcist pas, ne se resserrant qu'à l'esgard
de sa cauité & de son mouuement, & non
pas à l'esgard de sa substance comme il arriue dans la Douleur & dans la Crainte,
dans lesquelles l'Ame ne se retire pas seu-

ment ainſi qu'elle fait dans la Haine, mais où
elle ſe comprime & ſe ramaſſe en elle-meſme & fait faire la meſme choſe au Cœur
& aux arteres, d'où vient leur dureté, &
en ſuite celle du pouls, comme nous auons
dit au diſcours de la Colere , & comme
nous dirons aux traitez de ces autres paſſions.

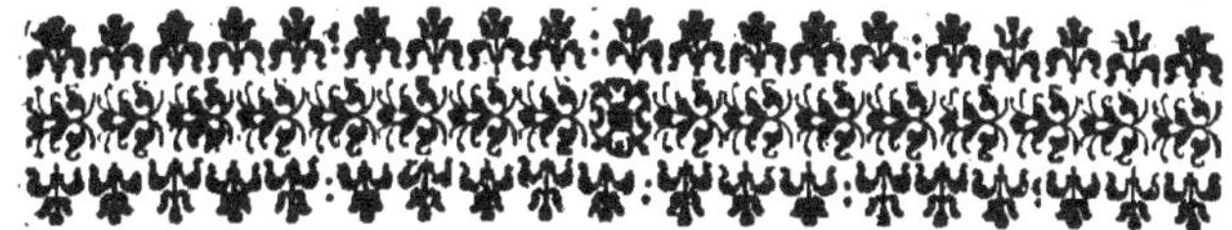

DE LA HAINE
que les Animaux ont les vns contre les autres.

ANS la neceſſité que noſtre deſſein nous a imposée de chercher les cauſes de la Haine qui ſe trouue entre les animaux, comme nous n'auons pas ignoré que c'eſt là vne des bornes où l'eſprit humain eſt contraint de s'arreſter , & vn eſcueïl où les plus grands Philoſophes ont touſiours eſchoüé. Nous n'auons pas eu auſſi la vanité de croire que nous peuſſions paſſer plus auant qu'ils n'ont fait , & que la deſcouuerte des choſes qui leur ont eſté inconnuës nous deuſt eſtre reſeruée. Non , il ne faut pas que le Lecteur attende de nous que nous allions deſcouurir des ſecrets qui n'ont encore eſté

veus que des yeux de la Nature, & que
nous puissions oster le voile qui cache
ces profonds mysteres de la Sagesse & de
la Prouidence de Dieu. Ce que nous en
voulons dire seruira plustost à faire admi-
rer ces merueilles qu'à les faire connoistre:
Ce sera plustost vn hymne & vn cantique
à la loüange de l'Autheur qui les a faites,
qu'vne leçon aux curieux qui les leur fasse comprendre. Et si apres auoir fait voir
la foiblesse des raisons qu'on en a données
nous taschons d'en apporter de nouuelles;
nous confessons ingenüement que ce ne
sont que de legeres conjectures, & comme de foibles lumieres qui ne sont pas capables d'esclairer dans toute la profon-
deur de ces abysmes.

QVELLE EST LA
Cause en general de la Haine
des Animaux.

PREMIERE PARTIE.

POVR entrer dans cette profonde & subtile recherche, il faut presuppo-ser qu'il n'y a point d'animal qui en haïsse vn autre que ce ne soit pour quelque dommage ou incommodité qu'il en peut receuoir ; Et c'est vne erreur frequente en cette matiere de dire qu'il y a inimitié entre le Loup & la Brebis, entre le Milan & le Poulsin, parce qu'il n'y a que la Brebis & le Poulsin qui soient en peril, & qu'il n'y a qu'eux par consequent qui haïssent : Car le Loup & le Milan ne les peuuent haïr, puisqu'ils n'en peuuent receuoir aucune incommodité, & qu'ils les recherchent pour leur aliment le plus agreable. Mais quand le dommage est mutuel, alors la Haine est mutuelle, comme est celle du

Corbeau & du Milan qui s'oſtent la proye
l'vn à l'autre, ou celle du Scorpion & de
la Vipere qui ſe tuent l'vn l'autre par leur
venin.

Il faut encore remarquer qu'il y a dans
les animaux des Haines Naturelles, qui ſont
nées auec la vie, comme celle de la Brebis
enuers le Loup ; ᴇᴛ d'autres qui ſont Fortuites & de rencontre, comme celles qui
viennent pour les alimens, pour l'habita-
tion, pour le lieu, &c. Et que de celles qui
ſont Naturelles il y en a qui ſe forment par
la connoiſſance des ſens, & d'autres qui ne
dependent point d'elle. Car la Haine que
que le Cheual a contre le Chameau eſt à
la verité naturelle ; ᴍᴀɪs elle deppend du
ſens, puiſque c'eſt à cauſe de ſon odeur qu'il
ne le peut ſouffrir, & que naturellement il
il a auerſion contre elle, comme tous les
animaux en ont contre toutes les qualitez
ſenſibles qui leur ſont faſcheuſes. Mais la
Haine que la Brebis a contre le Loup ne
vient pas de la connoiſſance des ſens, puiſque dés la premiere fois qu'elle le void,
lors qu'elle n'a pas encore eſprouué le mal

qu'il luy peut faire, elle le craint & le fuit.
La queſtion eſt donc de ſçauoir comment
cette ſorte de Haine ſe forme dans l'ame
des Animaux; car pour celle qui vient de
la connoiſſance des ſens il ſemble qu'il n'y
ayt aucune difficulté, puiſque le ſens fait
connoiſtre les choſes qui incommodent
l'animal, & que l'appetit ſe meut en ſuite
de ce jugement, & forme la paſſion de la
Haine.

De toutes les opinions qu'on a euës ſur
cette difficulté, la plus commune eſt celle
qui rapporte cette Haine à l'Antipathie &
à la Contrarieté naturelle qui ſe trouue entre les animaux. Mais comme elle n'eſt pas
d'accord de la nature de cette Antipathie
ou Contrarieté, ell'a fait diuers partis; les
vns croyant qu'elle conſiſte dans la ſubſtance des choſes, les autres dans les vertus occultes & les autres dans les qualitez manifeſtes. Il n'eſt pas neceſſaire d'entrer dans l'examen de ces diuerſes opinions, puiſqu'elles ont vn même fondement, & qu'en le rui-
nant elles doiuent tomber toutes enſemble.

Z iij

Car s’il eſtoit eſtoit veritable que l’Antipathie ou Contrarieté naturelle fuſt la cauſe generale de ces auerſions, il n’y en auroit pas vne qui ne fuſt mutuelle & reciproque, & il faudroit que le Loup ne haïſt
pas moins la Brebis, que la Brebis fait le
Loup ; comme le froid n’eſt pas moins contraire au chaud que le chaud au froid. Or
il n’y a pas d’apparence de dire que le Loup
haïſſe la Brebis, puiſqu’il la recherche comme vne choſe qui luy eſt vtile, qui ne luy
peut cauſer aucun mal, ny par conſequent
donner aucun ſujet de Haine ; ou bien il
faudroit dire que nous auons de l’auerſion
contre elle quand nous la tüons pour la
manger.

Que la
Haine des
animaux
ne conti-
nuë pas
apres leur
mort.
Ie ſçay bien que ſur cét exemple on
m’oppoſera quantité d’obſeruatiõs qui ſemblent prouuer qu’il y a non ſeulement vne
Haine reciproque entre ces deux animaux;
mais encore quelque Contrarieté naturelle
que la mort n’a pas le pouuoir d’aſſoupir, &
qui ſe conſerue apres qu’ils ont perdu la vie.
Car outre que l’experience nous apprend

qu'vn Loup tuë quelquesfois tout vn trou- *Albert.*
peau de Brebis, & que c'est vne marque
euidente que ce n'est pas la seule faim qui
luy fait faire vn si grand carnage, mais quelque inimitié secrete qu'il leur porte. On *Rhasis.*
dit que les cordes qui sont faites de leurs *Cardan.*
boyaux ne se peuuent jamais accorder enfemble : que si l'on fait des tambours de la *Oppian.*
peau de l'vn ou de l'autre, celle du Loup
ostera le son à celle de la Brebis : que sa
queüe penduë ou sa teste enterrée aux lieux
où les Brebis paissent, les empesche de man-
ger ; que la chair de celles qu'il a tüées se *Aristote.*
corrompt plus promptement qu'vne autre;
et qu'enfin la vermine s'engendre ordinairement dans la laine de celles qu'il a morduës.

Mais à bien examiner toutes ces raisons,
elles ne prouuent point du tout ce que l'on
pretend. Car si le Loup tuë plus de Brebis
qu'il ne luy en faut pour contenter sa faim,
cela vient en partie de son auidité naturelle, qui luy fait desirer plus qu'il n'a de besoin ; en partie de ce qu'il ayme le sang,
dont il faut vne grande quantité pour le ras-

fafier. Quant à l'obferuation des cordes,
ie veux croire que fi on l'a faite, ce qui eft
fort douteux, il peut eftre arriué qu'elles ne
fe foient peu accorder, puifqu'il y a quelquesfois bien de la peine d'en rencontrer
deux parmy celles dont nous nous feruons
ordinairement qui foient bien iuftes. Mais
ie tiens pour certain que fi celles du Loup
eftoient bien faites, & que l'on en eut beaucoup à choifir, l'on en pourroit trouuer qui
s'accorderoient auec celles de Brebis, comme celles-cy s'accordent auec celles de Chevre: C'eft pourquoy i'eftime que cette obferuation eft faulfe auffi bien que celle des
tambours qui eft tout à fait ridicule. Si ce
n'eft qu'on vouluft dire que la peau du Loup
eftant plus dure que celle de la Brebis refon-
ne dauantage, & qu'elle fait paroiftre le fon
de l'autre plus foible, par la comparaifon
que l'oreille en fait.

Pour les autres, quoy qu'elles puiffent
eftre veritables, on n'en peut rien conclurre à l'auantage de cette Contrarieté naturelle que l'on met en auant. Car fi les Brebis
n'ofent manger au lieu où la queüe du Loup

fe

fe trouue penduë, cela vient de ce qu'elles
la reconnoiffent, & qu'elles fe remettent
alors en memoire le fouuenir de cét ennemy, dont la feule pensée leur donne de
l'effroy & leur ofte le foin de repaiftre. Il
leur en arriue autant quand on y a enterré
fa tefte, parce qu'elles en fentent l'odeur
qui leur donne la mefme crainte. Et il eft
encore certain que la chair de celles qu'il
a tuées fe corrompt aisément : mais cela
procede en partie de la peur qu'elles ont
euë qui la rend plus tendre & qui la difpofe à la pourriture ; en partie des dents
& de l'haleine du Loup dont la vertu eft
diffoluante & putrefactiue, auffi bien que
celle du Lyon & d'autres femblables animaux, comme nous auons monftré au Li-
ure de la digeftion ; car cette qualité fond
les chairs & rend mefme la laine plus mol-
le & plus foible. Et fans doute s'il eft vray,
que la vermine s'engendre dans la laine de
celles qui en ont efté morduës, cela vient
de cette qualité putrefactiue, qui laiffe vne
difpofition pour engendrer ces animaux qui
doiuent toute leur naiffance à la pourriture.

Aa

On apporte encore l'exemple du Cheual, qui s'eſtonne quand il marche ſur les traces du Loup en ſorte qu'à peine peut-il aller quelque temps apres ; qui ne veut point paſſer ſur le lieu où l'on a enterré ſes entrailles ; et qui deuient plus viſte quand on attache en ſon col les dents de cét animal, ou quand il s'eſt ſauué de ſes attaques.

Mais ces effets n'eſtabliſſent point la Contrarieté naturelle dont eſt queſtion ; puiſque les deux premiers procedent de l'odeur que le Loup a laiſſée ſur ſes traces, & que ſes entrailles exhalent dans l'air qui enuironne le lieu où elles ſont enterrées. Car le Cheual venant à les ſentir il ſe repreſente en meſme temps ſon ennemy & le danger qu'il courroit à ſa rencontre. Pour ce qui eſt des dents qui attachées à ſon col le rendent plus viſte, il y a grand ſujet de croire que cela n'eſt pas veritable ; ou bien il faudroit qu'elles fuſſent fraiſchement arrachées de la gueule du Loup, & que l'odeur fiſt ce que nous venons de dire. Et pour ce que l'on aſſeure des Poulains qui de-

uiennent plus legers quand ils font vne fois
efchappez du Loup, il eft certain qu'ils
n'en font pas deuenus plus viftes pour s'e-
ftre fauuez, mais qu'il a fallu qu'ils ayent
efté plus viftes pour s'en fauuer.

On adioufte à ces obferuations celle des
plumes de l'Aigle qui confument celles des *Albert.*
Oyes, & des Cannes; DE la peau de Loup
qui fait tomber la laine de celle de Brebis; *Albert*
ET de la peau de la Hyene, qui corrompt *Porta.*
celle du Loup & des Chiens. Mais tout cela
vient d'vn efprit acre & corrofif qui abon-
de en ces animaux, & qui fe conferue dans
leurs defpouilles apres qu'ils font morts;
ou de ce que les plumes de l'Aigle & le
poil du Loup ayant plus de dureté, confument les autres, comme les fils de chanvre
vfent les fils de laine qui font tiffus enfemble.

Enfin pour la derniere & plus certaine
preuue de cette contrarieté pretenduë ils *Ariftote.*
propofent ce qu'Ariftote a dit du fang de
l'Ægytus & du Florus qui ne fe peut mef-
ler l'vn auec l'autre; L'inimitié qu'ils ont
euë durant le cours de leur vie fe confer-

uant ainſi apres leur mort. Mais outre
qu'Ariſtote ne raporte pas cette obſeruation
comme vne choſe dont il fuſt aſſeuré, &
que beaucoup la tiennent pour fabuleuſe;
ces deux oyſeaux nous ſont inconnus, car
Scaliger ſe mocque de ceux qui prennent
l'Ægytus pour la Linote, & quelques vns
ſe mocquent de luy, d'auoir pris l'Anthus
pour le Bruant. Ælian meſme au lieu de l'Anthus dit cecy de l'Acanthis, qui eſt le Serin ou
le Tarin. En tout cas s'il eſt vray que leur
ſang ne ſe meſle point, cela peut venir de
ce que l'vn eſt plus eſpais ou plus gras que
l'autre. On a dit auſſi que le Coq ne chante plus quand on luy a frotté la creſte auec
du ſang de Milan, mais cela n'eſt pas vray.
Ces obſeruations ne peuuent donc fournir
aucune preuue de cette Contrarieté naturelle qu'on s'eſt imaginée entre ces animaux,
puiſqu'elles ſuppoſent d'autres cauſes.

Apres tout, quand il ſeroit vray que la
Haine qui eſt entre ceux dont nous venons
de parler fuſt reciproque, il ne s'enſuiuroit
pas qu'elle le fuſt aux autres. Les Chats ne
hayſſent pas ceux qui ont vne auerſion na-

turelle contr'eux , & perſonne n'a encore
dit que le Coq hayſſe le Lion , ny le Roitelet l'Aigle. Ce n'eſt donc pas l'Antipathie
qui eſt la cauſe generale de ces ſortes de
Haine , puis qu'elles ne ſont pas touſiours
reciproques.

D'ailleurs ſi l'Antipathie preſuppoſe des
qualitez contraires qui agiſſent phyſique-
ment ſur les choſes, quelle qualité ſe peut-
on figurer qui puiſſe ſortir du Milan , pour
agir ſur le Poulſin dans vne ſi grande di-
ſtance , comme eſt celle dans laquelle il luy
paroiſt quelquesfois , & qui pour grande
qu'elle ſoit n'empeſche pas que le poulſin
ne tremble, & ne s'enfuye à la premiere
veüe qu'il en a ? Car cela eſt inconceuable,
s'il eſt vray que l'action des qualitez phyſi-
ques ſoit bornée à de certains eſpaces, au
delà deſquels elles ne peuuent produire
leurs effets. Apres tout, que pourra-t-on
dire quand on dira que la peinture du Milan donne la terreur au Poulſin , & celle du
Loup à la brebis ? il n'y aura plus lieu de
recourir à l'Antipathie & à la Contrarieté;
puis qu'alors il n'y a rien que la figure qui

donne de la peur, laquelle pourtant eſt vne
qualité oyſiue & qui ne trouue rien qui
luy ſoit contraire.

De plus puis qu'vn contraire n'a jamais
qu'vn contraire, comment ſe peut-il faire
qu'vn animal ſoit hay de pluſieurs? Car le
Loup ne l'eſt pas ſeulement de la ʙrebis,
mais encore du Cheual, de l'Aſne &
du Renard; ʟ'Aigle l'eſt du Vautour,
du Cygne & du Serpent, qui ſont d'v-
ne nature ſi differente l'vn de l'autre; ᴇt
le Hybou eſt l'ennemy commun de tous
les petits oyſeaux.

Mais quand on ſeroit d'accord de cette
Contrarieté, il faudroit touſiours qu'elle
fuſt reconnüe pour mauuaiſe & prejudi-
ciable, parce qu'on ne peut hayr aucune
choſe que ſoubs cette conſideration. Or les
ſens exterieurs ne ſont pas capables d'en
donner la connoiſſance, car c'eſt le propre
de la faculté eſtimatiue, de juger ſi les choſes ſont mauuaiſes; ᴇt elle ne peut faire ce
jugement que par l'experience qu'ell'a du
mal qu'elles luy ont fait autresfois, ou par
le deſordre & l'alteration qu'elles cauſent

dans les organes des sens. Mais quand la
brebis void le Loup , qu'elle n'auoit jamais
veu auparauant, elle n'a point encore d'experience du mal qu'il est capable de luy
faire : et comme elle se trouue saisie de
crainte au moment qu'elle l'apperçoit, il
n'y a pas d'apparence que la qualité maligne que l'on veut qui sorte de luy, tout
esloigné qu'il est, fasse si promptement son
effet sur elle, & qu'elle puisse alterer si fort
ses sens que l'estimatiue ayt sujet de iuger
qu'elle soit mauuaise, & qu'il la faille hayr
& apprehender.

Ces considerations qui sans doute n'ont
pas esté ignorées d'Aristote, l'ont obligé
à chercher vne autre raison de cette inimitié : Car sans s'arrester à ces Antipathies
secretes , il a creu que la Haine des Animaux ne venoit d'autre chose que de la
connoissance qu'ils auoient de l'incommodité & du dommage que les autres leur
pouuoient apporter, soit en les priuant de
leur nourriture , soit en les poursuiuant
comme leur proye.

Opinion d'Aristo-te.

En effet ceux qui viuent de mefmes alimens fe font ordinairement la guerre, parce qu'ils fe les oftent les vns aux autres. Ainfi le Corbeau hait le Milan, d'autant qu'ils fe nourriffent tous deux de charongne, & que celuy-cy luy rauit fouuent celle qu'il emporte eftant plus fort d'ongles & d'aifles que luy. Ainfi les Chiens, les Aigles & tous les animaux carnaciers fe batent entr'eux pour la faim, & quand ils font faouls ou qu'ils ont abondance de viures ils demeurent paifibles, & mefme les plus fauuages s'adouciffent & s'appriuoifent.

Mais la plus forte Haine eft celle qu'ils ont contre ceux aufquels ils feruent de proye; car c'eft pour cela que la ʙrebis, l'Afne & le ʙœuf ont auerfion contre le Loup; que le Poulfin hait le Milan & le Renard; que le Cygne & les Serpens ont peur de l'Aigle, parce qu'ils font mangez & deuorez par ceux-cy. A quoy l'on peut rapporter l'inimitié qui eft entre la Corneille & le Hybou, entre l'Aloüette & le Piuert & autres femblables, qui fe mangent

gent les œufs les vns aux autres : DAutant
que dans le defir que la Nature a infpiré
à tous les animaux de conferuer leurs efpeces, ils ont tous le mefme foin de leurs
œufs & de leurs petits que d'eux-mefmes,
& le danger que ceux-cy courent ne les
touche pas moins que le leur-propre.

Cette opinion femble eftre plus raifon- *Refuta-*
nable que la precedente ; car outre qu'elle *tion de l'o-*
ne rend pas la Haine perpetuellement reci- *pinion*
proque, & qu'elle ne la fait tomber que *d'Arifto-*
fur l'animal qui reçoit le dommage ; ELle *te.*
eft fondée fur le principe general de toutes les Auerfions qui fe peuuent trouuer
dans les animaux ; PARce qu'il eft certain
que pour haïr quelque chofe, il faut neceffairement qu'elle puiffe apporter quelque dommage euident ou fecret. Et quoy
qu'il femble qu'on puiffe reprocher à Ariftote d'auoir reftraint la Haine des animaux
à ces deux caufes, encore qu'il y en ayt
beaucoup d'autres qui la puiffent faire naiftre ; PUifque le Lyon ne hait pas le Coq
pour la crainte qu'il ayt de deuenir fa proye

ou que celuy-cy luy enleue ſon viure. Il faut pourtant demeurer d'accord non ſeulement que ce ſont les plus ordinaires & les plus generales cauſes de l'Inimitié des animaux, & celles qui pour eſtre les plus aſſeurées conuenoient mieux à cette admirable hiſtoire qu'il eſcriuoit : mais encore qu'il n'a pas pretendu, en les faiſant valoir, exclurre les autres qui ſont plus particulieres ; comme il eſt aiſé à juger par diuers exemples qu'il a apportez où elles n'ont point de lieu , & par ſes paroles meſmes qui portent expreſſement qu'il y a dans les beſtes des Auerſions & des Haines fortuites & de rencontre , auſſi bien que dans les hommes.

Neantmoins à bien examiner le fonds de cette opinion , elle ne ſatisfait point du tout à la difficulté où nous ſommes. Car outre qu'elle confond les Inimitiés Naturelles auec celles qui ne le ſont pas : elle ne monſtre point comment les animaux ont connoiſſance du dommage que les autres leur peuuent apporter. Ie veux bien que la Brebis connoiſſe le danger où ell'eſt à l'approche du Loup ; mais la queſtion eſt de ſçauoir comment ell'a cette connoiſſance, & qui peut luy auoir appris qu'il y a du danger pour elle, principalement quand c'eſt la premiere fois qu'elle le rencontre ; puiſqu'elle n'a point encore eſprouué le mal qu'il luy peut faire, & que ſa figure n'eſt pas plus capable de luy donner de la terreur que celle d'vn Maſtin qui a tant de reſſemblance auec luy, ou celle d'vn Chameau ou d'vn Elephant, qui luy deuroit eſtre bien plus eſtrange & plus formidable. On en peut dire autant de beaucoup d'autres, & l'on peut demander qui a enſeigné à la Poule qui n'a point encore pondu, & dont par conſequent la Belette n'a point mangé les œufs, que c'eſt vn animal qu'elle doit haïr comme l'ennemy, s'il faut ainſi dire, de ſa famille & de ſa poſterité.

Pour nous tirer donc de ce mauuais pas, il faut de neceſſité prendre vn autre chemin, & chercher quelque route qui puiſſe nous conduire ou du moins nous approcher plus prés de la verité.

A ce deffein, il faut pofer pour vn fondemēt affeuré, que la paffion fuit toufiours la connoiffance, & que la connoiffance fe fait par le moyen des images qui fe prefentent à l'ame. Pour l'ordinaire ce font les fens qui fourniffent ces images, & qui propofent à l'Imagination les chofes qu'ils ont efprouué eftre bonnes ou mauuaifes. Mais parce qu'il y a de certains objets que les animaux jugent eftre bons ou mauuais, fans les auoir iamais veus auparauant, & fans en auoir efprouué la bonté ou la malice, il faut de neceffité que la connoiffance qu'ils en ont, vienne par d'autres images que celles des fens, & qu'ils en ayent de naturelles qui foient nées auec eux, & qui foient imprimées & grauées dans leur ame dés le moment qu'ell'eft produite. Et c'eft là en quoy confifte l'Inftinct dont on parle tant, & dont fi peu de gens connoiffent la nature, comme nous auons amplement monftré au difcours que nous auons fait au fecond Volume des Paffions. De là nous pouuons conclurre, que puifqu'il y a des Auerfions dans les Animaux qui dé-

uancent toute la connoiſſance des ſens , il
eſt neceſſaire qu'elles ſe rapportent à l'In- *La Haine*
ſtinct , & qu'elles dependent de ces pre- *qui vient*
mieres images que la Nature inſpire auec *de l'In-*
la vie. *ſtinct.*

Il eſt maintenant queſtion de ſçauoir ,
quelles ſont les Auerſions & les Inimitiez
des Animaux qui doiuent deuancer toute
la connoiſſance des ſens , & qui par conſequent ont beſoin de ces images naturelles.

Premierement nous pouuons aſſeurer
que comme il y a deux ſortes d'Auerſions,
les vnes qui ſont communes à toute vne
eſpece, les autres qui ne ſe trouuent qu'en
quelques indiuidus, il eſt certain qu'il n'y
a que les communes qui puiſſent proceder
de ces premieres images ; parce que c'eſt
vn priuilege qui ne ſe donne jamais qu'aux
eſpeces, eſtant du rang de ces qualitez qui
leur ſont eſſentielles, & qui ne ſe peuuent
par conſequent communiquer à vn particulier qu'elles ne ſe donnent à tous les autres.

Bb iij

Il ne s'enfuit pas pourtant de là que toutes les Inimitiez qui font communes à toute vne efpece ayent befoin de ces images,
parce que les animaux peuuent connoiftre
beaucoup de chofes qui leur font ennemies, par la voye ordinaire des fens, & où
par confequent il ne faut point recourir à
ces moyens extraordinaires, qui ne font
iamais employez qu'au deffaut des autres.
Elles ne feruent donc qu'à quelques vnes
qui par vne prouidence particuliere de la
Nature, doiuent preceder toute la connoiffance que les fens peuuent donner, &
qui pour ce fuiet en demandent vne autre
qui foit plus ancienne & plus certaine que
la leur; telle qu'eft fans doute celle qui
fe forme par ces images naturelles.

Mais il ne faut pas croire qu'elles ayent
efté données aux animaux pour autre raifon que pour connoiftre les chofes qui font
extremement importantes à leur conferuation, & qu'il leur eft abfolument neceffaire de fçauoir, pour fe preferuer des perils qui les menacent à toute heure, &
dont ils ne peuuent faire l'experience,

fans hazard de la vie.

C'eft pourquoy il n'y a pas d'apparence que l'Inimitié qui eft fondée fur les feuls alimens, & qui ne procede que du dommage que les animaux reçoiuent quand les autres leur oftent leur nourriture, vienne de ces images ; parce que ce n'eft pas vne chofe abfolument neceffaire à leur conferuation, pouuant retrouuer vne autre fois ce qu'ils perdent alors ; et que la premiere efpreuue qu'ils font de la violance des autres fuffit pour leur donner connoiffance du dommage qu'ils en peuuent apres receuoir. Et de fait la Haine qui fuit cette connoiffance n'eft pas conftante & inuariable comme celle qui vient de la nature; et les animaux que la neceffité & la faim rendent ennemis font treves enfemble, & fe reconcilient mefme dans l'abondance. Il en faut dire autant de toutes les autres chofes qui les incommodent, mais qui ne vont pas iufques à leur deftruction : car elles ne font pas fi importantes, que la Nature ayt voulu prendre le foin de leur en imprimer les Characteres dans l'ame, leur donnant affez d'autres moyens pour éuiter l'incommodité qu'ils en peuuent receuoir, foit par l'experience qu'ils en peuuent faire fans peril , foit par les qualitez fenfibles qui les accompagnent dont ils font incommodez , & fur lefquelles ils tirent des confequences du mal qui leur peut arriuer.

La Haine d'Inftinct n'eft que contre ceux qui attentent à la vie.

De forte qu'il eft vray-femblable que ces images naturelles ne leur ont efté données , que pour connoiftre ceux qui attentent à leur vie ou à celle de leurs petits; parce qu'à tous momens ils peuuent tomber en ce peril, & que l'experience leur eft inutile pour s'en garantir , puifqu'ils hazardent leur vie dans la premiere, & que rarement ils en peuuent faire vne feconde.

Mais il faut remarquer que les animaux attentent à la vie des autres en deux manieres, à fçauoir quand ils les pourfuiuent pour les manger , ou qu'ils les tüent par leur venin; et qu'ils les pourfuiuent auffi en deux façons, premierement à force ouuerte comme

comme le Loup fait la Brebis, comme l'Efperuier fait la Perdrix : Secondement par
quelque qualité maligne qui les arrefte & les charme, & qui les rend incapa-
bles de fuir & de fe deffendre. Car c'eft
ainfi que la Torpille ftupefie les poiffons
pour les manger, c'eft ainfi que le Crapault charme la Belette, c'eft ainfi que la
Vipere attrape le Roffignol, comme nous
dirons cy-apres.

Quoy qu'il en foit, s'il y a des animaux
qui foient ainfi la proye des autres, il ne
faut pas douter que la Nature ne leur ayt
donné la mefme connoiffance qu'elle'a imprimée aux premiers ; puis qu'ils font dans
le mefme peril, & que fa prouidence doit
auoir le mefme foin de leur conferuation
qu'ell'a de celle des autres.

Il en faut dire autant des Animaux venimeux qui les tuent ; et mefme il femble
que comme leur vie eft en plus grand danger par ces chofes-là que par quelqu'autre
que ce foit, il y a plus de neceffité qu'ils
les haïffent par inftinct, & qu'ils naif-
fent par confequent auec la connoiffance

Cç

qu'ils en doiuent auoir pour s'en garantir.
En effet il n'y a guiere d'animal qui ne
hayſſe le Serpent dés la premiere fois qu'il
le voit, le Lyon tout hardy qu'il eſt le fuit
quand il le rencontre, & quand la Vipere
& le Scorpion ſe trouuent enſemble, ils
s'attaquent l'vn l'autre en meſme temps.

Il ne faut pourtant pas croire qu'ils connoiſſent ainſi tous les venins qui les peuuent faire mourir, parce qu'il eſt certain
qu'ils mangent ſouuent des choſes qui leur
ſont pernicieuſes, ce qui ne leur arriue-
roit pas, s'ils en auoient vne connoiſſance
naturelle.

La cauſe de cette diuerſité vient, premierement de ce qu'ils ne ſe peuuent pas
garantir ſi facilement du venin des animaux
que de celuy des choſes inanimées ; parce
qu'ils peuuent eſtre ſurpris par ceux-là qui
vont & viennent, & que leur rencontre
ne depend point d'eux : mais il n'en eſt pas
ainſi des choſes inanimées, qui ſont immobiles, dont la rencontre depend tout à fait
des animaux. Ioint que c'eſt aſſez pour eux
qu'ils connoiſſent par inſtinct les choſes qui

font bonnes à manger, pour éuiter les
mauuaifes; car ne mangeant que celles
qui leur font vtiles, ils ne toucheront
point à celles qui leur font pernicieu-
fes; Et fi ce malheur leur arriue quelquefois, c’eft quand elles font tellement mef-
lées auec les bonnes, qu’ils ne les peuuent
difcerner.

Mais la grande difficulté eft de fçauoir *s’il y a des* *Haines*
s’il y a des Inimitiez qui ne font point fon- *fondées*
dées fur le peril de perdre la vie, ny fur *fur des*
aucune qualité fenfible, en vn mot, qui *qualitez* *occultes.*
dépendent de certaines vertus occultes &
fpecifiques: Si dis-ie ces Inimitiez fe forment par le moyen de ces images naturelles. Car la Haine que le Lyon porte au
Coq, l’Aigle au Roitelet, l’Elephant au
Pourceau ne peut venir d’aucune qualité
fenfible qui foit fafcheufe, ny du danger
qu’il y ayt que ceux-cy attentent rien contre leur vie, ny qu’ils leur oftent ou leur
difputent leur viure, n’y ayant pas d’apparence que de fi foibles & de fi petites beftes foient capables, ie ne veux pas dire

d'entreprendre rien de semblable , mais
d'apporter la moindre incommodité à de
si puissans aduersaires, qui sont comme les
geants & les rois entre les autres animaux.
De sorte qu'il faut que cette Haine naisse
de quelques qualitez occultes & secretes :
mais d'autant que les sens ne sont point ju-
ges de ces sortes de qualitez, & n'en peuuent donner aucune connoissance ; et que
cette sorte de Haine est naturelle à cés animaux , il s'ensuit qu'elle ne se peut former
que par les images dont nous venons de
parler. Cependant nous auons dit cy-deuant , & il est veritable , que la Nature
ne les donne que pour des choses qui sont
tres-importantes à la vie.

Ie sçay bien que l'on pourroit aisément
vuider cette question , en disant que toutes les Inimitiez de cét ordre-là sont fort
suspectes, & ne sont guiere bien verifiées
ny par de iustes obseruations que l'on en ayt
faites, ny par Autheurs dignes de foy qui
les ayent asseurées.

La Haine
du Lyon   Car pour celle du *Lyon* enuers *le Coq,*

Ariftote qui a efté fi exact en cette partie *contre le* Coq.
de l'Hiftoire des animaux, n'en dit pas vn
mot; ET ceux mefmes qui en ont parlé ne
font pas d'accord de ce qui donne au Lyon
cette grande terreur, dont on dit qu'il eft
furpris à la veuë du Coq; veu que les vns
affeurent que c'eft toute la figure de cét
oyfeau; LES autres que c'eft feulement fon
chan. ; quelques vns mefme veulent
que ce foit fa crefte toute feule, parce
qu'il n'a point de peur à ce qu'ils difent
des Chappons qui l'ont perduë. Mais quoy
que ce foit, on a experience certaine que
les Lyons ne s'eftonnent point à la veuë
des Coqs, & qu'il s'en eft trouué mefme
qui les ont pourfuiuis, nonobftant la peur
que l'on dit qu'ils en ont.

Il y a mefme raifon de douter de *La Haine de l'Ele-phant con-tre le Pourceau*
celle que *l'Elephant* a contre *le Porc*; puif-
qu'Ariftote n'en parle point auffi, & qu'il
y a débat entre les autres, fi c'eft le Pourceau ou la Souris que craint l'Elephant,
le voifinage des noms ῦς & Μῦς que les Grecs
leur ont donnez ayant efté caufe de cette

conteſtation. Quelques vns meſme veulent que la veuë de ce ſale animal luy donne cette auerſion, les autres qu'il n'y a que le cry qu'il fait qui l'eſpouuante.

La Haine de l'Aigle contre le Roitelet. On peut trouuer de ſemblables difficultez ſur les autres exemples. Car dans Ariſtote, qui ſemble eſtre le premier qui a eſcript que le *Roytelet* eſtoit l'ennemy de *l'Aigle*, il y en a qui croyent qu'au lieu de ἔγχιλος, il faut lire ὄρχιλος qui eſt vn oyſeau qui mange les œufs des autres, & qui par conſequent eſt different du Roitelet. Et il eſt inutile de dire que le ἔγχιλος & l'Orchilus eſt vn meſme oyſeau, comme Aldrouandus a creu ; car il eſt certain qu'-Ariſtote les diſtingue, puiſqu'apres auoir dit que l'Orchilus eſt l'ennemy du Hybou, il adjouſte que le Preſbys l'eſt auſſi. Or il eſt conſtant qu'Ariſtote donne au Roitelet trois noms differens, Trochilus, Preſbys, βασιλεύς.

Quoy qu'il en ſoit, quand Pline rapporte cette inimitié, luy qui aſſeure ſi hardiment les choſes les plus douteuſes, ne

parle de celle-cy qu'auec incertitude. En
effet outre qu'il eſt bien difficile d'en auoir
fait vne exacte obſeruation, & qu'il y auroit touſiours lieu de douter, ſi la crainte
que l'on auroit remarquée dans l'Aigle, ſeroit procedée de la veuë de ce petit animal ou de quelqu'autre ſujet : il y a grande apparence, que les premiers qui l'ont
appellé, *Roy des oyſeaux*, luy ont donné ce
nom par raillerie à cauſe que c'eſtoit le
plus foible & le plus petit de tous ceux
qu'ils connoiſſoient : ET qu'apres, d'autres
voulant encherir ſur cette penſée, ont dit
qu'il y deuoit auoir jalouſie entre l'Aigle
& luy pour cette Royauté. Car Ariſtote
meſme rapporte que c'eſt la raiſon pour
laquelle on dit qu'il y a Inimitié entr'eux ;
ces railleries ayant paſſé pour des veritez
parmy le peuple.

Nonobſtant toutes ces doutes il n'eſt pas
impoſſible qu'il n'y ayt de ces Inimitiez ſecretes. Car tant de vertus occultes que
l'on remarque dans les plantes & dans les
pierres, & qui y cauſent de ſi merueilleu-

Il y a deſia
Haine
fondée ſur
les qualités
occultes.

ſes Antipathies, ſe peuuent auſſi rencontrer dans les animaux, & cauſer l'auerſion
que l'on dit qui eſt entr'eux.

Mais il ne ſe faut pas laiſſer abuſer icy par
ces mots ſpecieux que la modeſtie ou pluſtoſt
la negligence des Philoſophes a introduits
dans la connoiſſance des choſes naturelles. Car bien qu'il ſoit veritable qu'il y ayt
de ces vertus ou proprietez occultes, il eſt
certain auſſi qu'il y en a bien moins que
l'on ne penſe, & que ſouuent on fait paſſer des choſes tres-claires & tres-manifeſtes
pour des grands ſecrets de la Nature. Or s'il
y a lieu où cette erreur ſe ſoit gliſſée, c'eſt
principalement dans la matiere dont nous
traitons, où l'on ſe figure à tout propos
que la Haine des animaux a des ſources
bien cachées, & tout à fait inconnuës qui
ſont neantmoins tres-ſenſibles & tres-eui-
dentes.

En effet ſi l'on y veut prendre garde, on
trouuera que la plus grande part de leurs
auerſions que l'on croit eſtre les plus ſecretes, ſont fondées ſur des ſons qui les
ſurprennent ou ſur des odeurs qui leur

deſplaiſent

déplaifent, ou fur d'autres qualitez fenfibles qui leur font fafcheufes & qui leur remettent en memoire les chofes qu'ils penfent les deuoir incommoder.

De forte que tout de mefme qu'on ne
dira iamais que c'eft par vne vertu occulte
que la plus-part des beftes craignent le feu,
ou qu'elles fuïent celuy qui leue le bafton
pour les frapper, parce que c'eft le fens
qui leur apprend que ces chofes leur font
nuyfibles : il ne faut pas dire auffi qu'il y
ayt vne Inimitié fecrete entre le Lyon &
le Coq, l'Elephant & le Pourceau, le Cheual & le Chameau, le Vautour & les Rofes,
& autres femblables ; puis que l'on peut &
que l'on doit rapporter ces Auerfions aux
qualitez fenfibles qui fe trouuent aux vns
& que les autres ne peuuent fupporter
fans douleur & fans apprehenfion.

Et de vray quand le Lyon craint le Coq,
ce n'eft pas que fa veuë ou fa prefence luy
donne de la peur par quelque qualité occulte ; puis que l'experience nous enfeigne
qu'il le void fans s'allarmer, & le pourfuit mefme auec fa hardieffe ordinaire.

D d

Mais c'eſt que ſon chant l'eſtonne, & que la voix eſclatante d'vn ſi petit animal le ſurprenant, le fait entrer en ſoupçon de quelque danger, & luy donne la meſme crainte que celle qu'il reſſent au bruit que font les rouës des charrettes qui ſont pouſſées rudement.

On en peut dire autant de l'Elephant qui ne peut ſouffrir le cry du Pourceau ſans en eſtre eſmeu, parce que le ſon en eſt tellement aigû & penetrant qu'il ne le peut entendre ſans s'effrayer & ſans ſe figurer le peril plus grand qu'il n'eſt en effet; ce qui nous arriue auſſi quand quelque bruit impreueu vient à frapper nos oreilles. Car il ne faut pas croire que la voix ordinaire de cét animal luy donne de l'effroy, il faut qu'elle ſoit forte & vehemente, telle qu'il l'a quand il ſouffre du mal. C'eſt pourquoy ce Capitaine des Magariens qui vouloit mettre en deſordre les Elephans de l'armée d'Antipater, ne ſe contenta pas d'y faire conduire des Pourceaux, qui euſſent peu les mettre en fuite ſi leur veuë & leur voix ordinaire euſ-

Strabo.

fent efté, comme l'on dit, capables de leur
donner de la peur : mais apres les auoir en-
duits de poix, il y fift mettre le feu, afin
que la douleur les faifant crier & courir
impetueufement, ils fiffent l'effet qu'il s'en
eftoit promis & qui reüffit felon fon deffein.

Mais s'il y a quelque qualité fenfible
qui puiffe feruir de fondement à ces Auerfions, il y a grand fujet de croire que l'o-
deur eft celle qui produit le plus puiffam-
ment & le plus ordinairement ces effets;
parce que les beftes qui ont toutes l'odorat
plus exquis & plus parfait que l'homme,
en connoiffent mieux les differences que
luy, & en reffentent auffi dauantage les in-
commoditez. De forte qu'il ne faut point
recourir à aucune vertu occulte pour rendre raifon de la Haine que le Cheual a
contre le Chameau, puifque tout le monde eft d'accord qu'il n'en peut fupporter
l'odeur, & que cette feule qualité eft capable de le luy faire hayr. On en peut
dire autant de celle que le Vautour a contre les Rofes, que le Loup a contre l'Oi-

gnon marin & beaucoup d'autres femblables, qui ne laiffent pas d'auoir des caufes
fenfibles & manifeftes quoy que nous ne les
apperceuions pas.

Car quand on met en auant ces vertus
occultes, on fuppofe que ce font des qualitez qui font d'vn autre genre que celles
qui touchent les fens, & on les appelle
pour ce fuiet *Vertus formelles & fpecifiques*
pour les diftinguer des autres qui font fenfibles. Il eft vray, que la difpofition qui
eft neceffaire aux organes pour fentir l'impreffion des qualitez fenfibles & occultes
eft cachée & que l'efprit humain ne fçauroit iamais arriuer à la connoiffance de ce
iufte degré de temperature qui eft neceffaire pour en donner le fentiment. Mais cela
n'empefche pasqu'en elles-mefmes elles ne
foient au rang de celles que nous appellons
manifeftes. Autrement la couleur & la chaleur deuroient eftre des qualitez occultes,
parce que nous ignorons non feulemét leur
veritable effence, mais encore la difpofition precife qu'elles demandent dans les
organes pour y faire leur impreffion. Et

fans doute fi l'on confidere qu'il y a des beftes qui ont l'odorat fi fubtil, qu'elles fentent des chofes dont les autres ne font point touchées, qu'il y a beaucoup d'odeurs qui leur font agreables que nous ne pouuons fouffrir; ᴇᴛ qu'entre nous-mefmes il y en a qui trouuent infupportables celles qui plaifent ordinairement aux autres. On jugera facilement que toute cette diuerfité ne vient d'ailleurs que de la differente difpofition des organes, & qu'il n'eft point neceffaire de rapporter ces diuers fentimens aux vertus occultes; ᴘuifqu'il eft conftant que l'odeur ne peut eftre mife en ce rang, & que s'il y a quelque chofe de caché, c'eft la feule difpofition de la matiere qui reçoit cette qualité.

Quoy qu'il en foit, il n'y a guiere de ces Inimitiez Naturelles que l'on remarque dans les beftes, fi on en excepte celles qui font fondées fur le danger d'eftre la proye des autres ou d'eftre tuées par leur venin, qui ne fe puiffe rapporter à quelqu'vne de ces qualitez. Car qu'eft-il befoin de s'aller figurer des caufes myfterieufes pour rendre raiſon de l'Antipathie qui eſt entre le Serpent & le Freſne, la Vipere & le Fouteau, la Fourmy & l'Origan, le Vautour & les Roſes, le Loup & l'Eſquille, le Lyon & le Cheneſuert, &c. Puiſqu'on peut tres-vray-ſemblablement dire que les vns & les autres ne peuuent ſupporter l'odeur qui ſort de ces plantes, comme il y a beaucoup de perſonnes qui haïſſent celle des Roſes & des Lys. Certainement ſans l'ayde des proprietez occultes, il eſt facile de conceuoir pourquoy la teſte du Loup enterrée au lieu où ſont les Brebis, les empeſche de manger, parce que l'odeur qu'elle exhale les fait reſſouuenir de leur ennemy, & leur donne de l'apprehenſion. Et ſans doute c'eſt pour la meſme raiſon que le Cheual en marchant ſur les traces du Loup eſt ſurpris d'effroy, parce qu'il ſent l'odeur que cét animal a laiſſée, & qu'il ſe repreſente le peril où il ſeroit à ſa rencontre. Car il n'y a pas là plus de merueille que quand les Bœufs s'effrayent en paſſant par des lieux où l'on en a fraiſchement tué d'autres; et que les Souris ne

fe laiffent pas facilement prendre aux rat-
tieres où auparauant il en eft mort d'autres,
fi on ne les laue & fi on n'en change l'ap-
paft; puifqu'on ne peut douter que ce ne
foit l'odeur qui en eft demeurée, qui leur
donne cette connoiffance , & qui les ad-
uertit du peril où elles peuuent tomber.

Or fi ces conjectures font bien prifes,
il n'y a guiere d'animaux qui doiuent leurs
Auerfions aux proprietez occultes , & nous
ne ferons pas en peine de recourir aux images naturelles pour leur donner connoiffance des chofes qu'ils doiuent haïr ; puifque les fens les leur apprennent, foit que
d'abord ils leur faffent connoiftre qu'elles
font mauuaifes, foit qu'ils les jettent dans
le foupçon d'autres qui leur font nuyfibles.

Apres tout quand il y auroit des Auerfions fondées fur ces qualitez inconnuës,
il y a raifon pour croire qu'elles n'ont
point befoin de ces images. Car puifqu'il
y a dans les hommes des Inimitiez de ce
genre-là, comme tout le monde eft d'accord , & qu'on ne les peut rapporter à ces

images , il n'y a pas d'apparence que la
Nature qui ne fe fert jamais de moyens
extraordinaires quand ell'en a d'autres, ait
voulu donner à quelques animaux particuliers ces fentimens de Haine par vne autre forte de connoiffance que celle qui fe
trouue en ces honmmes - là : parce qu'il
eft certain que les images naturelles font
des priuileges qu'elle ne donne qu'aux efpeces; et s'il fe rencontre quelques indiuidus d'vne efpece qui ayent des Auerfions
qui ne fe trouuent pas dans les autres,
elles ne peuuent venir de ces images; mais
de quelque qualité qui touche leur Ame,
& qui luy donne connoiffance du mal
qu'ils en peuuent receuoir , comme nous
auons dit cy-deuant.

Il y a qua-
tre caufes
de la Hai-
ne des ani-
maux.
Pour recueillir de toutes ces conjectures quelque chofe de certain , il faut dire
Premierement que toutes les Auerfions
& toutes les Inimitiez des Animaux fe
peuuent reduire à quatre caufes generales.
Car ils haïffent premierement ceux qui les
mangent, fecondement ceux qui les tuent

par leur venin ; ᴛroifiefmement, ceux qui
leur oftent leur viure ; quatriefmement,
ceux qui ont des qualitez fenfibles qui leur
font fafcheufes.

En fecond lieu que de ces quatre caufes,
les deux premieres qui vont à la deftruction de l'animal fe connoiffent par inftinct,
c'eft à dire par les images naturelles que
la Nature infpire auec la vie : ᴇᴛ que les
deux dernieres fe connoiffent par le fens
& par l'experience que les animaux font
du mal que les autres leur apportent.

Qu'enfin s'il y a des Auerfions qui foient
fondées fur des qualitez occultes, elles font
en tres-petit nombre ; ᴘuifque toutes celles
que l'on met en ce rang, & que l'on croit
eftre les plus cachées, fe peuuent rapporter à quelqu'vne de ces quatre caufes. Et
parce que c'eft icy le point le plus deli-
cat & le plus important de cette matiere ;
il eft neceffaire de le prouuer par les exemples, & de monftrer que ceux que l'on a
creu jufques icy eftre les effets les plus certains de ces qualitez inconnuës, ont des

Qu'on pût rendre raifon de la Haine des animaux fans les qualitez occultes.

E e

caufes plus euidentes & plus ordinaires.

Voicy donc ceux que l'on a mis en ce rang-là : ᴌe premier eſt la Haine que porte

Plin.   *Le Lyon au Coq,*

Pline.   *l'Elephant au Pourceau,*

Ariſt.   *l'Aigle au Roitelet,*

Ariſtote.
Plin. Opp.   *le Cheual au Chameau & au Veau marin,*

Plin. Æ-
lian.   *l'Elephant à la Cheure, à la Souris & à la Fourmy,*

Oppian.   *l'Ours au Veau marin,*

Ælian.
Plin.
Car.steph.
steph.
Ariſt.   *le Serpent, au Chamæleon, à l'Araignée, & au Heriſſon,*

    la Tortuë au Serpent,

    le Singe à la Tortuë & au Crocodile,

    le Chat au Serpent.

Bodin y en adjouſte quelques vns, dont il dit que la Haine eſt fondée ſur la Contrarieté de nature, à ſçauoir,

Oppian.   *Le Chien & le Loup,*

Ariſt.   *l'Oryx & le Lyon,*

Plin.
Ælian.   *l'Elephant & le Rhinoceros,*

Ariſt.   *le Crocodile & l'Ichneumon.*

l'Abeille & le Crapault, *Arist.*
le Milan & le Butor, *Arist.*
l'Aloüette & le Chardonneret, *Arist.*
Ælian.
le Chat-huant & la Corneille, *Arist.*
le Mouchet & l'Aigle, *Bodin.*
la Vipere & l'Ophiomaque, *Aristote.*
la Tourterelle & le Chloreus, *Aristote.*
le Pipo & le Heron, *Aristote.*
l'Emerillon & le Vautour. *Aldrouand.*

Mais si l'on examine de prez toutes ces Auersions on ne trouuera aucune qualité occulte ny aucune contrarieté de nature qui en soit la cause : Car elles procędent ou de quelque qualité sensible qui se troüue en ces animaux que les autres ne peuuent supporter, ou de ce qu'ils attentent à leur vie, ou de ce qu'ils leur ostent leur viure.

En effet la Haine que *le Lyon* porte *au Coq,* ne vient d'ailleurs que du chant de cét oyseau qui surprend & estonne le Lyon, comme fait le bruit des roües. Il en est de mesme de celle que *l'Elephant* a contre *le Pourceau* ; puisque c'est son cry

qui l'allarme , comme nous auons dit.
Quant à celle de *l'Aigle* enuers *le Roytelet*,
ell'eft fabuleufe.

Le Cheual hait *le Chameau* & *l'Elephant*,
non feulement à caufe de leur odeur qui
luy eft infupportable, mais encore à caufe de leur figure monftrueufe & extraordinaire ; c'eft pourquoy il s'y accouftume
à la fin, & Cæfar fift pour ce fujet venir des
Elephans en fon camp , afin que fes Cheuaux s'y accouftumaffent.

Quant au *Veau marin* que *le Cheual* hait
fi fort qu'il n'en peut fupporter la veuë,
comme dit Ælian, cela vient de la figure
eftrange & inaccouftumée du Veau marin
qui l'eftonne ; car le Cheual eft vn animal
ombrageux à qui les moindres chofes extraordinaires donnent l'allarme.

L'Ours & *le Veau marin* fe hayffent mutuellement à caufe du viure ; car ils mangent tous deux les poiffons, & principalement les Ours blancs, comme dit Olaüs ;
outre que l'Ours deuore le Veau marin,
comme affeure Oppian.

Le Serpent & le Chamaleon fe hayffent

parce qu'ils se tuent l'vn l'autre par leur
venin, car le Serpent le tue par sa morsure
& le mange, & le Chameleon le fait mourir en laissant tomber sa baue sur sa teste.

Il y a encore inimitié entre *le Serpent &*
l'Araignée pour la mesme raison ; car le Serpent la mange comme toute sorte d'insectes, & l'Araignée l'empoisonne, se laissant
couler le long de son filet sur sa teste, & le
tuant ainsi par son venin, comme elle fait
encore le Crapault.

Le Serpent & le Herisson se hayssent à
cause du lieu ; car ils logent tous deux dans
les trous & se font la guerre pour se chas-
ser l'vn l'autre.

L'Elephant hait *la Cheure*, parce qu'elle
put & qu'il ayme les bonnes odeurs ; car
quand il est en colere, l'odeur des fleurs
& des onguens odoriferans l'adoucit. Mais
la Haine qu'il a contre *la Souris* & contre
la Fourmy, vient de la crainte que ces animaux n'entrent en sa trompe qui l'incom-
moderoient extremement, & c'est pour
la mesme raison qu'il a auersion contre la
Sangsuë.

La Tortuë & le Serpent se hayssent & se battent parce qu'ils viuent de mesmes alimens; car la Tortuë mange les vers, les limaçons & l'herbe, comme le Serpent.

Le Singe hait *la Tortuë*, parce qu'il hait par instinct le Serpent à cause de son venin, & que la Tortuë ressemble de la teste & de la queuë au Serpent. Il hait encore *le Crocodile*, car il ne peut pas mesme supporter la veuë de sa peau, & conserue cette Haine pour *le Lezard*, qui est comme vn petit Crocodile. Cela vient de ce qu'il sçait par Instinct que le Crocodile est vn animal qui deuore tout ce qu'il rencontre, & qui tue mesme par son venin; et que la veuë du Lezard le fait ressouuenir d'vn si dangereux ennemy.

Le Chat & le Serpent se hayssent à cause du viure, car ils mangent tous deux les Souris; c'est pourquoy ils se battent l'vn l'autre, le Chat en le deschirant, & le Serpent en l'empoisonnant; il y a mesme de l'apparence que le Chat le hait encore par Instinct, à cause qu'il est venimeux; car il poursuit tous les autres animaux qui le font, comme *le Crapault*, *le Chamæleon*, *le Scorpion*, *la Salemandre.*

Le Chien & le Loup fe hayffent, parce que le Loup le deuore, & que le Chien l'atta-que pour le preuenir : ioint qu'il eft inftruit à l'attaquer pour la deffenfe du beftail.

L'Oryx & le Lyon fe hayffent ; ᴍais il faut remarquer qu'il y a deux fortes d'Oryx, l'vn qui eft vne efpece de Cheure dont Ari-ftote & Pline ont parlé : ʟ'autre eft vn ani-mal grand, fort & courageux, qui ne craint aucune befte pour puiffante qu'elle foit, dont Oppian fait mention , & c'eft celuy que le Lyon hait à caufe qu'ils viuent tous deux de rapine.

L'Elephant & le Rhinoceros fe hayffent auffi pour le viure.

Le Crocodile & l'Ichneumon ont vne Hai-ne mutuelle l'vn contre l'autre, parce que le Crocodile le deuore, & l'Ichneumon fe coule dans fon corps quand il dort, & luy defchire les entrailles.

L'Abeille hait *le Crapault*, parce qu'il l'empoifonne & la tuë par fon fouffle.

Le Milan & le Butor fe haiffent, comme tous les oyſeaux de proye à cauſe du viure.

L'Alouëtte hait *le Chardonneret*, mais ſans doute Bodin a traduit la ποικιλις des Grecs Chardonneret, quoy qu'Aldrouandus diſe que c'eſt la Pica-varia ; ᴇт il eſt certain que l'Aloüette & la ποικιλις ſe haïſſent à cauſe qu'ils ſe mangent les œufs l'vn de l'autre, comme aſſeure Ariſtote.

Le Chat-huant & la Corneille ſe hayſſent encore pour le meſme ſujet, car le Chathuant mange de nuit les œufs de la Corneille, & la Corneille mange de jour ceux du Chat-huant.

Le Mouchet & l'Aigle ſe haïſſent pour le viure, comme l'Emerillon & le Vautour & tous les oyſeaux de proye.

La Vipere hait *l'Ophiomaque*, qui eſt vne eſpece d'Ecreuice de mer qui la tue & la mange.

La Tourterelle & le Chloreus ſe hayſſent pour le viure ; il eſt vray qu'il y a difficulté pour le Chloreus dont nous parlerons cy-apres.

L'Inimitié *du Heron* enuers *le Pipo* vient
de

de ce que celuy-cy mange ſes œufs, comme dit Ariſtote, mais on ignore quel eſt le
Pipo, Pipra ou *ἴππος*.

On peut donc voir par ces exemples,
qu'il n'eſt point neceſſaire de recourir aux
qualitez occultes pour rendre raiſon de la
Haine des Animaux ; ᴇt il en faut dire autant de tous les autres qu'on y pourroit
adiouſter, mais que l'on trouuera reduits
dans l'ordre des cauſes que nous auons
marqué dans la ſeconde Partie de ce diſcours. Car pour le rendre plus complet,
& pour contenter la curioſité du Lecteur
qui ſera bien aiſe de voir le détail d'vne
matiere ſi curieuſe, nous allons faire vn
dénombrement de toutes les Auerſions qui
ſe trouuent dans les eſpeces des Animaux,
dont les Autheurs ont fait mention, &
les reduire ſoubs cinq Chapitres, qui reſ-
pondront au nombre des cauſes dont nous
auons parlé cy-deuant. Car le premier par-
lera de la Haine que les Animaux ont
contre ceux qui les mangent & qui deuorent leurs œufs & leurs petits. Le ſecond
traitera de la Haine que les Animaux ont

contre ceux qui les tuent par leur venin.
Le troifiefme fait voir ceux qui leur oftent
ou leur difputent leur viure. Le quatriéme
parle de la Haine qui vient des qualitez
fenfibles, dont il y a de fix fortes. Le cin-
quiefme traitte de la Haine que l'on croit
eftre fondée fur des qualitez occultes.

QVELLE EST LA
Cause de la Haine que les Ani-
maux ont en particulier les
vns contre les autres.

SECONDE PARTIE.
De la Haine que les Animaux ont contre
ceux qui les mangent.

CHAPITRE I.
ARTICLE I.

CE Chapitre sera diuisé en trois Articles, dautant que les Animaux sont la proye des autres en deux façons à sçauoir, quand ils sont poursuiuis à force ouuerte, ou quand ils sont arrestez par vne vertu qui leur oste la puissance de fuyr ou de se deffendre, & qu'ils hayssent esgalement ceux qui les mangent & qui deuorent leurs petits.

Quoy que la connoissance que l'Instinct donne aux Animaux pour se garantir de ceux qui attentent à leur vie soit également partagée à tous, la passion qui la suit n'y est pas égale : Car ceux qui sont foibles ou qui sont le plus souuent attaquez par leurs ennemys, ont vne plus grande Auersion contr'eux ; parce que la foiblesse qu'ils ont leur represente le peril plus grand, & la frequente poursuite qu'on leur fait le leur rend plus ordinaire & plus present.

Ainsi la Haine que *la Brebis* a contre *le Loup* est vray-semblablement plus grande que celle que *le Heron* a contre *l'Aigle*, parce que la Brebis qui est foible, & qui ne se peut deffendre est en vn plus grand danger que n'est le Heron, qui a des forces & des armes pour combatre contre son ennemi quelque puissant qu'il soit. On peut mesme asseurer que *les Agneaux* haïssent plus *le Loup* qu'elles, parce qu'ils sont plus foibles, & que c'est pour cela que quand ils naissent s'ils viennent à entendre son hurlement, il est comme l'on dit capable de les faire mourir. D'ailleurs, *les Poulsins* haïssent plus *le Milan* que *l'Aigle* ou *l'Espernier*, parce qu'il les attaque plus souuent que ceux-cy ; ET le *Paſſereau* hait plus *le Vautour* que beaucoup d'autres oyſeaux de proye, qui ne ſont pas ſi ardens que luy à le pourſuiure.

Or ces Animaux attaquent plus ſouuent les autres parce que ce leur eſt vne proye plus agreable, ou plus vtile, ou plus facile. *L'Eſperuier* pourſuit plus ordinaire-ment *la Perdrix & le Pigeon*, parce que c'eſt la viande qui luy eſt la plus delicieuſe, com-me la *Brebis* l'eſt au *Loup*, comme *le Cha-meau* l'eſt *au Lyon*. D'autre part *les Oyes* & *les Cygnes* ſont plus ſouuent attaquez par *l'Ai-gle* que de plus petits oyſeaux, parce que c'eſt vne proye plus grande, & qui peut mieux ſatisfaire à leur faim & à leur aui-dité : DE là vient que *le Faucon* qui pour-ſuit *la Tourterelle* la quitte s'il voïd *le He-ron*, parce que c'eſt vne plus grande proye. Enfin *le Vautour* pourſuit *les Paſſereaux* à cauſe de la facilité qu'il a à les prendre, parce qu'il eſt timide, & que n'oſant atta-quer les plus grands, il s'addreſſe à ceux qui ne luy peuuent reſiſter, comme fait encore le Milan.

Ff iij

C'eft fur cette difference que la plus-
part des obferuations que nous allons rapporter ont efté faites ; car elles ne marquent
pas la Haine que les Animaux ont en general contre ceux qui les mangent, autrement il fuffiroit de dire qu'ils hayffent tous
les Animaux carnaciers & de rapine : mais
elles defignent la Haine particuliere que
quelques vns ont contre d'autres ; et cette
Haine a efté reconnuë par la remarque
que l'on a faite, qu'ils eftoient plus fouuent attaquez par ceux-cy ; d'où l'on a inf-
feré qu'ils les hayffoient dauantage.

En effet quoy que tous les oyfeaux qui
ne font pas de proye hayffent naturellement *l'Aigle*, parce qu'il n'y en a point qu'il
n'attaque & qu'il ne mange ; on en a neantmoins fpecifié quelques vns qui ont vne
Haine particuliere contre luy ; a fçauoir,
le Cygne, le Heron, la Gruë, la Canne & l'Oye,
parce que ce font de gros oyfeaux qu'il recherche pour contenter fa faim. Il eft
vray que les trois premiers fe deffendent , & le furmontent quelques-fois ;
car le bec du Heron , vn coup d'aifle du

Cygne & les Gruës en trouppe le tuent.

Il en faut dire autant de *l'Eſperuier* ; car tous les oyſeaux qui ſont foibles le crai-gnent & le hayſſent ; mais principalement *la Poule, l'Alouëtte & la Perdrix* : Car la Poule en a vne ſi grande peur , que ſi elle en-tend ſon cry quand elle couue , elle gaſte & corrompt ſes œufs. Ce n'eſt pas que l'alteration que luy cauſe la peur ſe com-munique à ſes œufs, comme quelques vns ont creu, mais c'eſt qu'elle les bouleuerſe & les froiſſe dans l'inquietude où ell'eſt.

Quant à *l'Allouëtte* lors qu'elle le void ou l'entend, ell'ayme mieux ſe ietter entre les mains des hommes, que de s'expoſer à ſes griffes. Et bien qu'elle ſoit du rang des pe-tits oyſeaux qu'il a de couſtume de meſ-priſer, neanmoins comm'elle vole fort haut, ell'eſt plus en priſe que les autres qui vo-lent fort bas : C'eſt pourquoy eſtant plus ſouuent rencontrée par *l'Eſperuier* & par *l'Aigle marine*, que l'on dit auſſi eſtre vn de ſes plus grands ennemis, ell'en eſt plus ſou-uent priſe, & ſemble auoir quelque Haine particuliere contr'eux. *La Perdrix* en eſt

auffi ordinairement pourfuiuie, parce qu’-
elle luy eft vne proye delicieufe, & parce
qu’il eft inftruit à la voler.

On met auffi *le Pigeon* au rang de ceux
qui en font le plus fouuent attaquez, non
feulement parce qu’il en eft friand, & qu’il
le pourfuit pour cette raifon plus ardem-
ment, comme nous auons dit, mais encore parce que cét oyfeau de proye eft plus
commun, & qu’on en a fait plus d’expe-
riences que des autres.

Car il eft certain que *le Pigeon* hait tous
les oyfeaux de proye, & mefmes on a creu
qu’il hayffoit plus *le Circus*, & *l’Haliætus* ou
l’Aigle marine qu’il ne fait *l’Aigle* ny *l’Efperuier*, fur ce que l’on a experimenté qu’il a
plus de peur quand il entend le cry du Circus & du Haliætus, qu’il n’en a de celuy
de l’Aigle & de l’Efperuier. Cela ne vient
pas neantmoins d’vne plus grande Haine
qu’il a côtr’eux, mais de ce que les deux premiers attaquent leur proye en criant, & que
le Pigeon qui les entend iuge de là qu’ils doiuent eftre fort proches ; c’eft pourquoy il
en a plus de peur que quand il entend le
cry

cry de l'Efperuier & de l'Aigle commune
qui ne crient iamais quand ils font prez
de la proye : Car les entendant crier, il juge qu'ils font efloignez ou qu'ils ne l'ont
pas apperceu , & qu'ainfi il n'eft pas en fi
grand peril. Au refte *le Circus* eft mis par
Ariftote entre les efpeces d'Efperuier ,
mais n'en ayant point particularifé la difference , il n'eft pas aifé de dire quelle el-
l'eft. L'Efcale auoüe ingenüement qu'il ne
le connoift point, Aldrouandus croit que
c'eft *l'Accipiter Palumbarius*, Belon le fau-
perdrieux, mais Ariftote fait de celuy-là
vne efpece particuliere. Il y a plus d'apparence que c'eft noftre Faucon : Car Ariftote a confondu l'Efperuier auec le Faucon.

C'eft pour la mefme raifon que *la Poule* a vne Haine particuliere contre *le Renard* ; car il en eft friand & luy dreffe fouuent des embufches, comme il fait *à l'Oye*, *Albert.*
à la Canne & mefme *à la Corneille*.

On pourroit mettre en ce rang l'Auerfion qu'ell'a contre *le Milan* & contre *la
Belette*, mais elle ne vient pas tant du dan-

ger où ell'eſt d'en eſtre deuorée, que de celuy où ſont ſes petits & ſes œufs, c'eſt pourquoy ces exemples appartiennent au troi-
ſiefme Chapitre.

Albert.

Entre ceux qui haïſſent l'Eſperuier, on
met encore *l'Eſtourneau*, qui s'en deffend à
la verité & taſche touſiours de prendre le
deſſus, afin de laiſſer tomber ſa fiente ſur
luy, ce qui le fait fuyr.

Iſidor.

L'Onocratale, *Pelican ou Liuane*, a encore vne Auerſion contre luy, c'eſt pourquoy
quand il veut dormir, il met ſon bec entre
ſes aiſles la pointe en amont, comme fait
le Heron quand il eſt attaqué, afin que
l'Eſperuier venant à fondre ſur luy il s'y
enferre.

On a jugé que *le Drepanis* ou *l'Hirondelle
aquatique* hait merueilleuſement *le Faucon*,
parce qu'entendant ſeulement le bruit de
ſes ſonnettes, ell'eſt ſurpriſe d'vne ſi grande peur, qu'elle ſe laiſſe pluſtoſt aſſommer
à coups de pierre, que de ſe hazarder à
s'eſleuer dans l'air.

La Tourterelle hait auſſi *le Faucon & le
Corbeau*, parce qu'ils l'attaquent ſouuent

& qu'ils la mangent.

Il en eſt de meſme *du Plongeon* enuers *Ariſt.*
la Cygongne & le Crex ; mais on ne ſçait pas
bien quel eſt le Crex d'Ariſtote, Aldrouandus croit que c'eſt vn oyſeau que les Italiens
nomment *Auoceta* ; mais l'opinion de Belon
eſt plus vray-ſemblable, qui tient que c'eſt
vn oyſeau d'Egypte. En effet il doit eſtre
plus grand que l'Auoceta, puiſqu'il combat contre les Cygongnes, comme Ælian
aſſeure.

Nous auons deſia dit, que *le Paſſereau* *Philes.*
hayſſoit particulierement *le Vautour*, parce que celuy-cy n'oſant attaquer les plus
grands oyſeaux, il attaque les petits, entre leſquels la chair du Paſſereau luy eſt la
plus agreable.

On en peut dire autant *du Roſſignol* qui *Ariſt.*
hait *le Collurion* que l'on appelle *Lanius
minor* ou *Pie-grieſche*, qui pourſuit tous les
petits oyſeaux dont il mange le cerueau,
& principalement le Roſſignol qui eſt plus
facile à attrapper, à cauſe de l'attention
qu'il apporte à ſon chant, & qu'il a l'os de
la teſte extrememement tendre, comme on

peut juger par la foiblesse de son bec, n'y ayant guiere d'oyseau qui l'ait plus foible que luy, c'est pourquoy son ennemy a moins de peine à jouyr de sa proye.

Tous les petits oyseaux haïssent *la Belette*, non seulement parce qu'elle les mange, mais encore parce qu'elle deuore leurs œufs & leurs petits. Ils haïssent aussi *le Cocu* à cause qu'il ressemble à l'Esperuier : Car les plus petits l'attaquent, comme ils font le Hibou.

Aristote dit que *l'Ægolius* deuore *le Colaris*, & par consequent le Colaris le hait; mais la difficulté est de sçauoir quels sont ces oyseaux. Car quand à *l'Ægolius*, quoy qu'il soit certain que ce soit vne espece de Hibou, on n'est pas asseuré quelle ell'est, Gaza le traduit Vlula ou Hulote, mais l'Ægolius a des oreilles & l'Vlula n'en a point : De sorte qu'il faut de necessité que ce soit vne espece de Duc qui a le bec tellement camus qu'il ressemble au nez de Cheure dont il a pris le nom. Pour *le Colaris* Albert le grand tient que c'est vne espece de Passereau ; Lescale croit que ce

doit eftre vn oyfeau nocturne ; car s'il ne
paroiffoit la nuit, l'Ægolius ne le tueroit
pas. Mais cette raifon me femble foible,
car vn oyfeau qui chaffe la nuit , peut attaquer des oyfeaux qui ne font pas no-
cturnes.

On adjoufte que *l'Efperuier* hait natu- Plutarq.
rellement *le Crocodile* dans la crainte qu'il
a d'en eftre deuoré & que c'eft pour ce fujet que quand il boit l'eau du Nil, il tient
toufiours les aifles eftenduës en beuuant,
afin d'eftre tout preft à s'envoler quand il
paroiftra. Mais il n'y a guiere d'apparence
que cette Haine vienne de cette caufe-là ;
car outre qu'elle ne fe trouue en aucun
oyfeau de proye, dautant qu'ils ne fe mangent pas les vns les autres , & qu'ils font
hors d'atteinte à l'efgard des autres beftes
carnacieres, elle ne fe donne par la Nature que pour les dangers que les Animaux
ne peuuent éuiter par la connoiffance des
fens; et il eft vray-femblable que l'Efperuier a affez d'autres moyens pour éuiter les
attaques du Crocodile , & que c'eft affez
qu'il voye la figure & la grandeur de cét

Gg iij

animal pour le craindre & pour le fuir. Car pour la raiſon ſur laquelle eſt fondée cette auerſion, on peut reſpondre qu'il ne tient ſes aiſles eſtenduës que pour empeſcher qu'elles ne ſe moüillent, & qu'il boit ſi peu qu'il n'a pas peine à les tenir ainſi pendant qu'il boit.

Albert

Le Lieure hait naturellement *l'Aigle* juſques à trembler quand il entend ſon cry; car non ſeulement il le deuore, mais il l'enleue quelquesfois pour le porter dans ſon nid, afin d'en nourrir ſes petits & de les eſchauffer de ſa peau. Il hait encore

Ælian.

l'Eſperuier, *le Corbeau*, *le Renard* & *la Belette* & ſur tout *le Chien*, parce qu'il en eſt plus ſouuent attaqué; L'induſtrie des hommes augmentant l'inclination naturelle qu'il a de le pourſuiure.

Il n'y a point de Haine qui ait eſté ſi particulierement obſeruée comme celle de *la Brebis* & *du Cheual* contre *le Loup*, comme nous auons remarqué au commencement de ce diſcours. Mais tout le beſtail ne le hait pas moins. Et *l'Aſne* le craint

Ariſt.

de telle ſorte qu'il deuient comme ſtupide

quand il l'apperçoit, se contentant de tourner la teste pour ne le voir point, & se laissant ainsi deuorer sans songer à fuir ou à se deffendre.

Le Cerf le hait aussi, qui hait encore *le Lyon*, *l'Ours*, *le Tigre & le Lynx* qui est le Loup-ceruier, mais particulierement le *le Chien*, parce qu'il en est plus souuent attaqué. Il hait encore *l'Aigle & le Vautour*, dautant qu'ils se mettent sur sa teste luy becquettant les yeux & le frappant à coup d'aisles, en sorte qu'il est contraint de se precipiter à trauers les rochers, & apres qu'il est tombé ils s'en repaissent.

Quelques vns ont dit que *le Cerf* haissoit *le Belier*; mais c'est vne erreur qui vient de ce qu'ils ont pris ἔλαφος pour ἔλεφας, car on a dit cela de l'Elephant, quoy que cela ne soit pas veritable.

Le Cheual hait *l'Ours & le Lyon*, & les craint dés la premiere fois qu'il les void, *Porta.* parce que ce sont des animaux robustes & hardis qui deuorent tout ce qu'ils rencontrent; il est vray qu'il s'en deffend s'il est entier; car lors qu'il est chastré, il n'est pas *Auicen.*

poſſible de l'en faire approcher quelques coups qu'on luy donne.

L'Elephant hait *le Lyon* , *le Tigre & le Dragon* qui combat contre luy , car il en ayme le ſang à cauſe qu'il eſt le plus froid de tous les Animaux , & qu'il s'en ſent rafraiſchy dans les ardeurs du climat & de la ſaiſon.

Le Chameau hait extremement *le Lyon* , parce qu'il en eſt ſouuent attaqué , ſa chair eſtant la plus delicieuſe viande qu'il trouue , comme Ælian aſſeure par quantité d'exemples.

Le Chien & le Loup ſe haïſſent mutuellement, parce que le Loup le deuore , & que luy auſſi l'attaque pour le preuenir ; ioint qu'il eſt inſtruit a l'attaquer pour la deffenſe du beſtail.

Il y a Haine mutuelle entre *le Tigre & le Crocodile* ; car ce ſont des Animaux carnaciers & gourmans, qui deuorent tout ce qu'ils trouuent.

Le Dragon hait *la Panthere* ; car c'eſt vn animal farouſche qui attaque tout ce qu'il rencontre.

L'Ichneumon

Le Serpent hait *l'Aigle , le Pourceau* & *le Coq,* parce qu'ils le deuorent. Il hait pour le mesme sujet *le Paon,* jusques-là qu'il s'en fuit quand il l'entend crier. Ælian adjouste le Cygne, mais Bellunensis dit qu'il faut lire la Cigongne, parce qu'elle se nourrit de Serpens.

Il hait aussi *le Cerf* & *le Cheureuil* qui le deuorent. Or il est vray-semblable qu'ils ne le mangent pas pour s'en nourrir, mais pour leur seruir de remede, soit pour les vers dont le Cerf est souuent malade, soit pour remedier à la foiblesse de sa veuë, comme dit Bellunensis, soit enfin pour se rajeunir , comme veut Albert le grand. Quoy qu'il en soit Simeon Sethi donne aduis de ne manger pas en esté de sa chair, parce que c'est en ce temps-là qu'il deuore les serpens ; mais cest aduis est à mon iugement mal fondé, car la digestion corrige le venin , & la Poule qui en mange n'en est pas moins bonne. Nous dirons cy-apres comme le Cerf attire le Serpent par son haleine.

Il hait encore *l'Ecreuice de mer*, qui com-

Nicand.
Theoph.
Pline.

Arist.

Hh

bat contre luy & le tuë, & s'appelle pour
ce suiet ὀφιόμαχος.

Auicenne dit que *la Vipere* hait *l'Oßifra-
gus*, mais cela est commun à tous les Serpens qui ont auersion contre toutes sortes
d'Aigles.

Le Lezard hait *le Serpent*, *le Crapault &*
le Scorpion, parce qu'ils le mangent.

Il y a inimitié entre *le Crocodile & le*
Serpent Hydrus; parce que le Crocodile le
le deuore, & qu'il en est apres malade.

Le Thon hait *le Dauphin*, *le Chien de mer*
& tous les Cetacées, mais sur tous *le Gladius*;
car Mathiole dit qu'il poursuit & fait fuir
les Thons, comme le Loup fait les Brebis.

Le Polype, *la Murene & l'Ecreuice de mer* se
haissent, parce qu'ils se mangent l'vn l'autre,
mais la Murene poursuit principalement
cette espece de Polype qui se nomme *Oza-*
na qu'elle sent de plus loin à cause de sa
mauuaise odeur. *Le Congre* poursuit aussi
la Murene.

Le Veau marin craint *l'Ours*, parce qu'il
le deuore; mais outre cela il y a Haine mu-

Ælian.

Plin.
Arist.

Oppian.

tuelle entr'eux , parce qu'ils viuent tous
de poiſſons, comme nous auons dit.

La Langouſte ou *Ecreuice* hait tellement
le Polipe qui la mange , que quand elle ſe
ſent priſe en vn meſme ret auec luy , ell'en
meurt de peur. Quand le Polype l'a ſur-
montée il en ſucce tout le ſuc.

L'Aſtacus hait auſſi *le Polype* ; ᴇᴛ *le Polype*
hait *le Dentex* pour la meſme cauſe.

La Ziga que Geſnerus croit fauſſement
eſtre *leAloze* hait *l'Eſtourgeon*, qui la pourſuit iuſques à la contraindre de ſortir de
la mer.

Le Polype hait *le Congre* qui le deſchire ;
Ælian dit cela de la Murene ; ᴍᴀɪs l'vn &
l'autre eſt veritable.

Comme la Belette terreſtre hait le Serpent, *la Belette marine* hait *la Paſtinaca* ,
qui eſt le plus venimeux de tous les poiſſons ; ᴛoutesfois Maſſaria aſſeure qu'il ne faut
pas lire γαλᴅ́ mais γαλεωτιs qui eſt le Gladius.

La Murene pourſuit *l'Ozana*, & celle-
cy *les Mœnules* & *les petites Squilles* ; ᴇᴛ *les*
Squilles combattent perpetuellement *le La-*
brax : ᴍᴀɪs elles ſont deuorées par *le Pho-*

Hh ij

plin. Æ-
lian.

Oppian.

philes.
Æ*l.* *Opp.*

plin.

pline.

Pollux
Mernla.

cas & par *le Loup* ; elles s'en vangent aussi,
car quand elles se sentent prises, elles le-
uent leur creste qui est picquante & bleffent le gozier du Loup, d'où il sort quelquesfois tant de sang qu'il en est estouffé.

Le Limaçon connoist & fuit *le Heron &*
la Perdrix. Le Larus ou Caniard l'esleue en
haut & puis le laisse tomber sur le rocher
pour s'en repaistre apres.

L'Huistre hait *le Cancre & l'Estoile ma-*
rine ; car le Cancre iette vne pierre dedans
pour empescher qu'elle ne se ferme. Ce
que l'Estoile fait aussi en mettant vn de ses
raiz entre ses coquilles. Elle hait aussi *le*
Polype qui en est friand & qui se sert du
mesme artifice que le Cancre.

Le Limaçon hait *le Lezard*, parce qu'il le
mange.

La Grenoüille hait *la Cigongne*, *le Butor*
ou Buzard, *le Putois ou Mustella rustica*,
l'Anguille, *le Brochet*, *le Serpent* & principalement *le Chelydrus & la Salemandre* ;
parce qu'ell'en est deuorée : Elle hait aussi
le Cygne, car quand il est malade d'vne certaine maladie, il s'en guerit en la deuorant.

L'Abeille hait *le Merops ou Guespier,* *l'Hirondelle & le Parus ou Mesange* , parce qu'ils s'en nourrissent : Elle hait aussi *les Fres-lons* pour le mesme suiet ; ET *les Serpens & les Lezards* , parce qu'ils la tuent & la mangent.

Les Freslons haïssent *le Hibou* , qui les de-uore. ^{Pline.}

La Mousche hait *l'Hirondelle* , *l'Arai-* ^{Arist.} *gnée & les Freslons.*

L'Araignée hait *le Stellion & l'Ichneumon,* ^{Arist.} qui est vne sorte de Guespe qui la mange; ET *le Scorpion* qui l'attrappe en tirant vn peu sa toile.

La Sauterelle hait *l'Allouëtte* , *la Chouëtte,* *l'Ibis & le Serpent chelydrus* , parce qu'ils la ^{Arist.} deuorent.

L'Ichneumon & la Guespe se haïssent. *Le* ^{Plin.} *Phalange & l'Araignée* , parce qu'ils se man-gent les vns les autres.

Catalogue des Animaux qui stupefient les
autres pour les deuorer.

ARTICLE II.

L'EXEMPLE le plus considerable, & celuy qui sert comme de fondement à
tous les autres est celuy de *la Torpille* qui
endort & stupefie les poissons pour les deuorer. Car puisqu'elle endort la main des
pescheurs, il est à croire qu'elle fait la mesme chose aux poissons. Et de fait comme
c'est le poisson le plus lent qui se puisse
trouuer, il falloit que la Nature luy don-
nast quelque moyen pour viure. Aussi Aristote remarque que l'on a trouué quelque
fois dans son ventre le Mugil qui est le plus
viste de tous les poissons, & que c'est vne
marque qu'il auoit esté arresté par l'engour-
dissement que la Torpille inspire.

Le Crapault fait la mesme chose sur *la*
Belette; car elle ne l'a pas plustost apperceu
qu'elle se met à courir & à crier en mesme temps, sautant d'vn lieu à l'autre &
remplissant l'air de plaintes extraordinaires
comme si elle cherchoit du secours, pour

se deffendre d'vn si dangereux ennemy :
enfin apres tous ces crys & ces courses
inutiles, on la void approcher de luy , &
passer dans la gueule de ce vilain animal.
Quelques vns ont dit que c'estoit là vne
espece de fascination, & vn effet de quelque vertu attractiue qui forçoit la Belette
à se ietter en ce peril. Mais outre que nous
auons destruit toutes ces vertus attractiues
au traité de la Douleur ; il faudroit que
celle-cy eust, comme toutes les autres que
l'on met en auant, ses bornes naturelles,
au delà desquelles elle n'eust plus de force
ny d'action. Cependant la Belette monte
au haut des arbres, elle court çà & là &
s'esloigne quelquesfois assez pour croire
vray-semblablement qu'elle sort hors de ses
limites, & qu'ell'est à couuert de cette at-
traction pretenduë. Il y a donc plus d'apparence de dire, que la Haine que la Nature luy a inspirée contre le Crapault à cause qu'il attente à sa vie, luy donne du courage pour l'attaquer sans vouloir fuir deuant luy, comme fait la Brebis deuant le
Loup ; et qu'enfin s'estant resoluë à ce com-

bat à la maniere des Cygnes & des Gruës
qui attaquent l'Aigle qui les pourſuit, elle
le va aſſaillir, & que s'en approchant, elle
ſe ſent en meſme temps eſtonnée & ſurpriſe d'vn certain engourdiſſement ; Le venin que le Crapault répand en l'air faiſant
le meſme effet ſur elle, que celuy de la Torpille fait ſur les poiſſons & ſur les mains
des Peſcheurs.

La Vipere ſe ſert du meſme artifice pour
prendre *le Roſſignol* ; car l'ayant apperceu
près d'elle, elle le regarde fixement auec
des yeux flambans & la gueule ouuerte, &
lançant ainſi ſon venin ſur luy, elle luy
Cardan. oſte la voix & le mouuement, & le faiſant
tomber à terre, elle le deuore. C'eſt pourquoy comme s'il preuoyoit ce danger, il fuit
les lieux où ell'a accouſtumé de demeurer,
& il ayme le Paon croyant eſtre en ſeureté a-
uec cét oiſeau qui eſt l'ennemi des ſerpens &
qui les met en fuite au ſeul bruit de ſa voix.

Euſeb. L'Hiſtoire du nouueau monde nous ap-
Nuremb. prend qu'il y a dans l'Amerique vn grand
Serpent que l'on appelle *Stupide*, qui empoiſonne ainſi & charme les animaux qui
s'approchent

s'approchent de luy : La Nature luy ayant
donné cette vertu pour suppléer à sa len-
teur & à sa paresse, qui luy feroient escha-
per toute sa proye, s'il n'auoit ce merueilleux moyen de l'arrester.

On dit que *l'Aigle marine* a vne certai- Ælian.
ne graisse à la queuë qu'elle laisse tomber
peu à peu dans l'eau où elle void les poissons, qui les rend stupides & immobiles.

Les œufs de la Cigongne deuiennent ste- Plin. Æ-
riles par le seul attouchement de la *Chau-* lian.
ue-souris, c'est pourquoy la Cigongne en-
toure son nid de feuïlles de Plane qui ont
la vertu de stupefier la Chauue-souris.

Le Serpent & le Crocodile hayssent *l'Ibis* Ælian.
pour le mesme suiet, s'il est vray ce que
l'on dit, qu'en les touchant seulement d'vne
de ses plumes, ils demeurent assoupis &
creuent en suite, comme asseure Philes ; à
plus forte raison quand il poursuit le Serpent pour le deuorer.

Il y a quelque chose de semblable dans Plin.
le Cerf qui attire *les Serpens* de leurs trous
& leur cause vne sorte de vertige, comme
dit Pline. Mais la question est de sçauoir

cőment il les attire. Les vns tiénent que c’eſt par ſympathie; mais cela ne ſe peut ſouſtenir, puiſqu’ils le fuyent apres eſtre ſortis; et Nicander aſſeure qu’il faut prendre garde d’eſtre picqué par ceux qui ſortent ainſi, parce qu’ils ſont irritez, & que leur picqueure en eſt plus venimeuſe. Pline croit que c’eſt par force & par contrainte; mais il faudroit que cela ſe fiſt par vne vertu attractiue, que nos auons deſtruite. Geſnerus penſe qu’il attire l’air qui eſt dans les trous & que le Serpent eſt contraint de ſuiure l’air qui eſt attiré. Mais l’opinion d’Ælian eſt la plus vray-ſemblable, qui dit que le Cerf en pouſſant ſon haleine dans les trous eſchauffe l’air qui y eſt, & que les Serpens ſortent pour jouyr de cette chaleur douce: Et de fait c’eſt principalement en hyuer que cela arriue. A quoy il faut adjouſter qu’apres qu’ils ſont ſortis il leur inſpire quelque qualité ennemie qui leur cauſe le vertige que l’on y remarque. Cela ſe peut confirmer par ce que dit Pline, que les Elephans les font auſſi ſortir comme les Cerfs, mais que l’haleine de l’Elephant les attire, & que

celle du Cerf les bruſle, & que le parfum
de la corne de Cerf les fait fuir.

Si ce que l'on dit du pouuoir *du Belier
de mer* enuers *le Veau marin* eſt vray , il
doit eſtre mis en ce rang: Car il y a bien
plus d'apparence qu'il l'endort & le ſtupefie, que non pas qu'il l'attire par la force de
ſon haleine pour le deuorer. Mais Ælian
qui rapporte cecy, eſt vn autheur fort ſuſ-
pect en ces matieres.

Le Stellion a auſſi la vertu de ſtupefier *Pline.*
le Scorpion, & Galien n'a pas oublié à dire
que s'il le regarde, il le rend immobile &
le tue: mais ce n'eſt pas la veuë qui produit
cét effet, c'eſt le venin qu'il reſpand en l'air.

Pline dit que *la Hyene* charme & arreſte quelque animal que ce ſoit en s'approchant de luy; et l'on marque particulierement que *le Chien & le Leopard* la hayſſent
pour ce ſujet. Mais la plus-part de tout ce
que l'on dit de la Hyene, eſt fabuleux ; et
meſme on ignore qu'ell'eſt celle dont les
anciens ont parlé. Surquoy il me vient
dans la penſée que ce pourroit eſtre cét
animal que les Indiens appellent *Skekal*,

qu'ils croyent eſtre vne eſpece de Chien
ſauuage qui ſe tient caché tout le iour, &
ſort la nuit criant trois ou quatre fois à certaines heures. Le ſoupçon que i'en ay vient
de ce qu'il eſt friand des corps morts, comme on dit de la Hyene, & qu'il les déterre
pour les manger; et de ce que l'on dit qu'elle
ſe trouue en Affrique, comme celuy-cy,
qui eſt encore commun aux enuirons de
Soura qui eſt au Mogol, le long du Tygre &
de l'Euphrate, & dans l'Egypte. Mais on n'a
point eſprouué qu'il ſtupefie aucun animal
comme on a creu que la Hyene faiſoit.

Il faut mettre en ce rang la Haine que
le Serpent a contre *l'Araignée*; car ſe laiſſant
couler le long de ſon filet ſur la teſte du
Serpent, elle le ſtupefie en ſorte qu'il demeure immobile, & le tüe par ſon venin.
Pline dit qu'il tombe en vertige, & qu'il
meurt apres. Elle tüe le Crapault de la
meſme ſorte.

L'Abeille hait *le Crapault* qui l'endort par
ſon ſouffle & la tüe.

Catalogue des Animaux qui haïſſent ceux
qui deſtruiſent leurs œufs &
leurs petits.

ARTICLE III.

IL y a Haine mutüelle entre *le Hibou* *Ariſt.*
& la Corneille ; car ils ſe mangent les
œufs l'vn à l'autre, celuy-là de nuit & celle-cy de iour.

Le *Hibou* hait *le Corbeau, la Belette, la* *Ariſt.*
Pie & l'Orchilus, parce qu'ils mangent ſes
œufs : Leſcale ignore quel eſt l'Orchilus.
Aldrouandus lit Trochilus, & dit que c'eſt
vne eſpece de poule d'eau.

Le *Pigeon* hait *le Hibou*, & tout le gen- *Auth.*
re de Corbeaux, à ſçauoir *le Corbeau, la* *de Nat.*
Corneille & la Pie, parce qu'ils mangent
ſes œufs & ſes petits quand ils commencent à voler.

Le *Merle* hait auſſi *le Hibou & le Crex* *Ariſt.*
parce qu'ils le mangent, & deuorent ſes
petits.

Il y a Haine mutuelle entre *la Cigongne* *Ælian.*
& la Chauue-ſouris, parce qu'ils ſe mangent l'vn à l'autre les œufs & les petits.

Ii iij

Il y a inimitié entre *le Corbeau* & *le Chlorion ou Verdier* pour la mesme cause: C'est Pline qui dit cela ; mais Aristote au lieu de Chlorion met le Pipra, que Gaza à traduit Pipos.

L'Ægithus que Gaza traduit *Salus* , lequel Belon dit estre *la Linotte* , quoy que Lescale n'en soit pas d'aduis. *L'Ægithus* , die-ie hait *lAsne* , parce que celuy-cy se frottant contre les buissons rompt son nid & fait tomber ses œufs; c'est pourquoy le souuenir de cét accident luy donne tant de peur, que lors qu'il l'entend braire, il gaste tous ses œufs ou fait tomber ses petits de son nid. Pour s'en vanger , il vole sur l'Asne & luy becquette ses vlceres.

Le Renard hait *l'Aigle* & *le Milan, le Circus* & *l'Emerillon*, parce qu'ils mangent ses petits; outre que ce dernier luy arrache le poil.

Le Corbeau, la Corneille & *la Poule* haïssent *laBelette* , parce qu'elle mange leurs œufs. Lescale dit que tous les oyseaux la hayssent pour ce suiet.

Le Lezard hait *la Cigongne* , parce qu'elle

mange ſes petits, & les porte aux ſiens,
pour les en nourrir; mais il y a apparence
que puiſqu'elle deuore les Serpens, ell'en
fait autant des Lezards & que le Lezard
la hait pour deux raiſons.

L'Alloüette & le *Heron* ſe hayſſent mu- *Ariſtote.*
tuellement, parce que le Heron mange les
œufs de l'Alloüette , & que l'Alloüette
caſſe les ſiens. *Le Heron* hait encore pour
le meſme ſuiet *le Pipo* qu'Ariſtote appelle
ἵππος , & que Leſcale dit ne connoiſtre
point.

Le Lezard hait encore *l'Araignée* , parce
qu'elle euueloppe auec ſa toile ſes petits, *Ariſtote.*
& les fait ainſi mourir pour s'en nourrir.

Le Crocodile hait *l'Ichneumon* , non ſeulement parce qu'il entre en ſon corps quand
il dort & luy deſchire les entrailles, mais
encore parce qu'il mange ſes œufs. Il hait
auſſi *le Scorpion* qui tue ſes petits quand ils
ſortent de l'œuf, comme aſſeure Philes.

L'Alloüette, le Pipra, le Chloreus & l'*Auis va*- *Ariſtote.*
ria ſe haïſsét parce qu'ils ſe mãgent les œufs.
On n'eſt pas bien aſſuré quel eſt le ποικιλις
ou Auis varia, Belon dit que c'eſt le Char-

donneret, Aldrouandus que c'eſt Pica-varia. Il y a encore du doute pour le Chloreus , comme nous dirons cy-apres.

Ariſt.   *Le Chlorion* hait *le Crex* , parce que celuy-cy mange ſes petits & l'attaque meſ-
me.

Ariſt.   *L'Aigle & le Sitta* ſe hayſſent , parce que
l'Aigle le deuore , & le Sitta mange les
œufs de l'Aigle. Le Sitta eſt le Picus ci-
nereus , Torche-pot ou Grimpereau. *Le
Dragon* deuore auſſi les petits Aiglons.

Oppian.   *La Cigongne & le Serpent* ſe hayſſent , parce qu'elle le deuore , & qu'il mange ſes
œufs.

Plin.   *La Cigongne* hait *la Chauue-ſouris* , par-
African. ce que celle-cy rend ſes œufs infeconds,
par ſon ſeul attouchement.

Ælian.   *Le Pourceau* hait *la Salemandre* , & ne la
void pas ſi toſt qu'il ſe iette ſur elle & la
deuore : On dit meſme qu'il n'en ſent point
de mal , mais que ceux qui mangent de ſa
chair en meurent. Ce que ie ne croirois
pas facilement ; car la digeſtion diſſipe le
venin. Mais il y a de l'apparence que le
Pourceau la hait parce qu'ell'empoiſonne ſes
cochons.   *L'Elephant*

L'Elephant hait *le Dragon* ; non feulement parce que celuy-cy l'attaque & luy fuce *Pline.* le fang, mais principalement, parce qu'il pourfuit fes faons, comme affeure Strabon.

L'Aigle hait *le Serpent*, parce qu'il man- *Pline.* ge fes œufs, & le Serpent la hait, parce qu'elle le deuore.

Le Heron & la Souris fe hayffent, parce *Plin.* qu'ils fe mangent leurs petits l'vn à l'autre; auffi bien que *l'Efmerillon & le Renard.*

DE LA HAINE QVE LES
Animaux ont contre ceux qui les tuent par leur venin.

CHAPITRE II.

TOvs les Animaux hayffent *le Bafilic*, & nul ne l'ofe attaquer que *la Belette* qui mange de la ruë auparauant, & apres l'auoir attiré de fon trou, elle le *Lemnius.* tuë; mais elle en meurt apres. Hors elle, il n'y en a aucun qui s'approche mefme de fon cadavre & qui ne le fuye. C'eft pourquoy l'Hiftoire porte que ceux de Pergame le *Bodin.*

Kk

firent suspendre dans le temple d'Apollon afin que les araignées & les oyseaux n'y entrassent point. On dit aussi que sa dépoüille estoit penduë dans le temple de Diane où les hirondelles n'entroient iamais.

Volphius. Il y a Haine mutuelle entre *la Vipere & le Scorpion* ; car si on les met tous deux en vn vaisseau, ils se tuent l'vn l'autre par leur venin.

Pline. Il y a Haine mutuelle entre *le Serpent & l'Araignée*, car le Serpent la mange comme tous les autres insectes ; et l'Araignée le tuë de son venin ; elle tuë aussi le Crapault comme nous auons dit.

Philes. *Le Scorpion & le Crocodile* se hayssent, parce qu'ils s'empoisonnent l'vn l'autre.

Le Bœuf hait *la Vipere & le Serpent*, parce qu'il meurt de leur picqueure, & hait encore *la Grenoüille verte & la Bupreste*, parce que lors qu'il les auale estant cachées sous l'herbe, elles le font creuer.

Ælian. *Le Corbeau* hait *le Chamæleon* ; car ce luy est vn poison qui luy nuit par le seul attouchement, à plus forte raison quand il vient à le manger : Il s’en garantit auec le Laurier.

Le Serpent hait aussi *le Chamæleon*, par- Ælian.
ce que celuy-cy l’apperceuant foubs l’arbre où il eft, il laiffe tomber fa faliue deffus luy & le tuë ainfi. *L’Elephant* mefme qui l’auale eftant caché foubs les fueilles, en meurt, s’il ne mange apres de l’Oliuier fauuage.

Il n’y a guiere d’Animal terreftre qui ne hayffe *les Serpens*, *le Lyon* mefme les fuit quand il les apperçoit.

Le Pourceau & le Cerf hayffent *le Scor-* Arift.
pion, qui les fait mourir d’vne feule picqueure.

Les Sangfuës & les Punaifes fe font mou- Aldrouan
rir l’vn l’autre par le venin qu’elles fe iettent.

La faliue de l’Homme principalement Ælian.
s’il eft à ieun eft funefte à *la Vipere*, & fi on la pouffe iufques en fon gozier, & qu’ell’entre en fon eftomach, elle la fait creuer.

Le Chat hait tous les Animaux venimeux & les attaque, comme *le Crapault*, *le Serpent*, *le Chamæleon*, *la Salemandre*.

Le Dauphin hait *le Pompilus*, qui eft vne Athenée.

efpece de Thon & le tüe : mais apres l'auoir mangé, il fent fes entrailles toutes en feu & ne peut durer en place : de forte qu'il fe iette au riuage où il eft fouuent pris par les pefcheurs ou mangé par le Corbeau marin ou par le Larus.

Mizald.

Si *la Corneille* mange les reftes de la charongne que *le Loup* a touchées, elle meurt.

Pline.

Si quelqu'vn picqué *d'vn Serpent* ou mordu *d'vn Chien enragé* vient au lieu où les poules couuent, & le beftail fait fes petits il gafte & corrompt tout : Mais cette obferuation eft fort fufpecte.

Quoy que *le Coq* auale *les Serpens* fans peril, leur picqueure le peut faire mourir.

Quand *la Salemandre* fe gliffe dans vn monceau de bled, fi *le Coq* vient à en manger, il en meurt.

CATALOGVE DES ANIMAVX
qui se haïssent pour le viure.
CHAPITRE III.

TOvs les oyseaux de proye se hays- *Ariftote.*
sent entr'eux, parce qu'ils s'enleuent
ou se disputent l'vn à l'autre le viure, & plus ils sont auides, plus ils sont
hays des autres. C'est pourquoy on a remarqué que *l'Aigle & le Vautour* auoiét vne
tres-forte inimitié l'vn contre l'autre ; parce qu'ils sont tous deux fort gourmans. Il
en est de mesme de l'Aigle & de l'Esperuier.

Aristote dit qu'il y a aussi inimitié entre
l'Aigle & le Cymindis, mais on ne sçait
quel est cét oyseau. Quelques vns croyent
que c'est le Duc : mais comme Aristote dit
qu'il s'appelle autrement, *Chalcis*, par le
tesmoignage d'Homere, & que le Chalcis
habite aux montaignes & qu'il est de la
grandeur de l'Esperuier, ce ne peut estre
le Duc. Il hait aussi *le Subis* ; mais celuy-cy
est encore plus inconnu.

Kk iij

Le Vautour & l'Æsalo ou l'Emerillon, se battent pour la proye. *L'Esperuier* hait *le Tinnunculus ou Cresserelle* iusques-là que Pline dit que celuy-cy l'estonne & le fait fuir. Mais il est vray-semblable que comme la Cresserelle l'attaque quand il vole apres les petits oyseaux, il abandonne facilement vne proye qu'il mesprise & qui luy est contestée, pour en chercher vne plus considerable.

Le Milan & le Butor ou Bondrée se haïssent aussi pour la proye. *Le Milan & le Renard* ont inimitié ensemble, parce qu'ils font tous deux la guerre aux Poules & aux Poulsins.

Il y a Haine mutuelle entre *le Milan & le Corbeau* parce qu'ils viuent tous deux de charongnes & qu'ils s'ostent la proye l'vn à l'autre, mais le Milan l'emporte estant plus fort d'aisles & d'ongles que luy.

On dit aussi que *le Coq & l'Attagen ou Francolin* se haïssent, parce qu'ils mangent de mesmes choses.

Les Pigeons & les Poules se battent aussi pour le mesme sujet.

Ariftote dit qu'il y a inimitié entre *la Tourterelle & la Pyralis*, parce qu'ils viuent de mefmes chofes, mais on ne fçait pas quelle eft la Pyralis. Gaza traduit ce mot *Igniaria*, qui eft auffi inconnu. Le Traducteur de Bodin la nomme *Igrairie*; Et quand Ælian dit que la Tourterelle hait la Pyrrha fans doute que c'eft le mefme que Pyralis ou Phralis felon Textor.

Tous les Animaux de rapine fe haïffent *Arift.* pour le viure, comme *le Lyon & le Lynx* ou *Loup ceruier, le Tigre & l'Oryx.*

Le Chat & la Belette fe haïffent, parce qu'ils chaffent tous deux aux Souris; outre que le Chat la mange.

Le Cygne ne fouffre point les autres oy- *Albert.* feaux qui viuent des mefmes chofes que luy.

Il y a inimitié entre *le Larus, l'Oye fau- Arift. uage & le Harpé*, parce qu'ils ont tous vn mefme viure qu'ils tirent de la mer. *Le Larus eft le Cangeard, le Harpé eft le Milan aquatique* qui vit de poiffons comme le Larus. C'eft pourquoy Pline & Lefcale fe font abufez qui penfent que le Harpé n'eft pas vn oyseau aquatique,

Arist. L'*Onocrotale ou Pelican* qui est le plus grand de tous les oyseaux aquatiques, combat contre *le Corbeau*, *le Vautour & le Plongeon*, parce qu'ils viuent tous de poissons.

La Canne hait *le Gauia ou Larus*, dit Pline; mais Aristote dit que c'est *le Brenthus ou l'Oye nonnette* qui vit de poissons comme le Larus.

Ælian. *La Cigongne* hait *le Crex & le Plongeon* pour le mesme sujet.

Le Chien hait *Chat*, non seulement parce que le Chien est vn animal enuieux, mais encore parce que le Chat mange les mesmes alimens que luy.

Aristote. *Le Heron & le Larus*, parce qu'ils viuent de poissons.

Arist. *L'Acanthus ou Serin* hait *l'Asne*, parce que celuy-cy mange les bourgeons des espines, de la graine desquelles le Serin se nourrit.

Arist.
Plin.
Ælian. *L'Elephant & le Rhinoceros*, *Le Lyon & le Loup ceruier*, *le Crocodile & le Dauphin*, *le Lyon & l'Oryx* se combattent pour le viure.

Le

Le Renard hait *le Milan*, *le Vautour & le Corbeau* qui viuent tous de charongne.

Le Herisson hait *l'Ours*, parce qu'ils vi- ᴼˡᵃᵘˢ· uent tous deux de fruiɛ̃ts.

Le Loup poisson *& le Mugil* se hayssent pour le viure, & quand ils en ont prouision leur Haine cesse. C'est Aristote qui dit cela, & qui adiouste que dans le combat le Mugil est surmonté & deuoré par le Loup : de sorte que le Mugil le hait pour deux causes, à sçauoir parce qu'il le mange, & parce qu'il vit des mesmes alimens que luy.

Le Dauphin & le Lamia se hayssent à cause du viure ; car ils sont tous deux très goulus, & viuent de mesme proye.

Aristote dit qu'il y a inimitié entre *le Cheual & l'Anthus*, parce que l'Anthus mange l'herbe & empesche le Cheual d'en manger. Lescale croit que l'Anthus est le Bruant qui imite la voix du Cheual ; mais Aldrouandus croit que c'est *le Spipola* des Italiens.

La Tourterelle hait *le Chloreus*, parce ᴬʳⁱˢᵗ·

qu'il la tuë. Mais pourquoy la tuë-t-il ?
Certainement il faut que le Chloreus ſoit
vn grand oyſeau, puiſqu'il la tuë & la mange ; car Ariſtote le met au rang de ceux
qui deuorent les autres. Seroit-ce point le
Chloreus du Piedmont qui eſt auſſi grand
que la Tourterelle, & qui vole ſi viſte que
le Faucon ne le peut atteindre. Il eſt vray-
ſemblable que c'eſt pour le viure qu'ils ſe
battent, ou que le Chloreus eſt vn oiſeau
de proye.

Bodin.   *Le Loriot & le Rauatin* ſe hayſſent à cauſe du viure.

Ariſt.   *L'Anthus, l'Acanthus & l'Ægithus* ſe
hayſſent, l'Acanthus eſt le Serin, l'Anthus
eſt le Bruant, & l'Acanthus eſt la Linotte.

La Huppe combat contre *les Hirondelles,*
contre *la Pie & la Chöuette*, parce qu'ils
mangent les mouſches & les vers dont elle
ſe nourrit.

Le Serpent & la Belette ſe haiſſent, parce qu'ils mangent les Souris ; mais outre
cela il eſt certain que l'on a trouué dans le
ventre du Serpent les petits de la Belette:
de ſorte que la Belette le hait pour deux

raifons, parce qu'il mange de mefmes alimens & parce qu'il deuore fes petits.

L'Allouëtte & l'Acanthillis ou l'Acanthus Ælian.
fe haïffent.

L'Abeille hait *les Bourdons*, parce qu'ils
mangent trop de miel; elle hait auffi *l'Ours*
pour la mefme raifon, car celuy-cy en eft
friand.

Albert le grand dit que *l'Afne* hait *le Rat*
parce qu'il fe met dans fa mangeoire, &
qu'il mord fes levres l'empefchant de manger, & mangeant mefme fa nourriture.
Mais comme Ariftote dit la mefme chofe
du Colote, quelques vns croyent qu'Albert s'eft trompé. Neantmoins il eft vray
que la Souris mange le grain comme l'Afne.

Le Heriffon, le Renard & le Serpent fe Car.Steph.
hayffent pour le lieu; car ils demeurent
tous dans les tanieres.

Auicenne dit que *l'Hirondelle* hait *le Paf-*
fereau pour le lieu; car trouuant le nid de
l'Hirondelle vuide, il pond dedans, & l'Hirondelle qui reconnoit fon nid l'en vient
chaffer, & fe battent ainfi l'vn l'autre.

Le Loup & le Taixon fe haiffent, non feu-
Ll ij

lement à caufe du viure, mais à caufe du
lieu ; car le Loup ne pouuant faire fortir
le Taixon de fa tanniere , il fe defcharge
dedans de fes excremens, dont l'odeur eft
fi fafcheufe au Taixon qu'il eft contraint
de quitter la place.

Le κελεός & le λύβιος fe hayffent , & il y
a apparence que c'eft pour le viure ; puifqu'Ariftote les met apres l'exemple de la
Tourterelle & de la Pyralis qui fe hayffent
pour le viure : mais on ignore quels font
ces deux oyfeaux. Lefcale dit nettement
qu'il ne fçait ce que c'eft que le Lybius :
pour le κελεός Aldrouandus croit qu'il faut
lire κολοιός & que c'eft le Piuert. Mais Lefcale dit que le κολοιός eft le Monedula ou la
Choüiette, & que le κολεός eft l'Ictereus ou
Loriot. Gaza traduit κελεός *Galgulus* , &
fans doute il faut qu'il y ait faute au texte
d'Ariftote, parce qu'il dit apres que la κελεός
& le λύβιος font amis.

Ælian.

La Perdrix & la Tortuë fe hayffent parce qu'ils viuent de mefmes chofes ; La Tortuë mnageant les vers , les limaçons &
l'herbe.

Il y a mesme Haine entre *le Serpent & la Tortuë* : et pour la mesme cause il y a inimitié entre *la Cigongne, le Crex & le Plongeon*, parce qu'ils viuent tous de poissons.

Le *Harpé* hait *le Triorchis* pour le mesme sujet

Aristote.

Ælian.

Plin.

DE LA HAINE QVE LES Auimaux ont contre ceux qui ont des qualitez sensibles qui leur sont fascheuses.

CHAPITRE IV.

De l'Odeur.

ARTICLE I.

CE Chapitre sera diuisé en six Articles, dont les trois premiers contiendront les qualitez sensibles qui sont fascheuses d'elles-mesmes, à sçauoir l Odeur, la Saueur, la Douleur : et les derniers celles qui donnent seulement le soupçon & la crainte de quelque danger, à sçauoir le Son, la Couleur & la Figure.

Ariſtote. La Haine que *le Cheual* a contre *le Cha-meau* vient de ce qu'il n'en peut ſuppor-ter l'odeur, Cardan dit cela de l'Auſtruche, dont il ne peut ſupporter la veuë : mais peut eſtre qu'il a pris *le Struthiocamelus* pour *le Camelus.*

Theoph. *Le Vautour* a auerſion contre les bonnes odeurs, & principalement contre les on-guens odoriferans ; non ſeulement parce qu'il eſt accouſtumé à l'odeur des charon-gnes, mais encore parce que l'odeur des onguens le rend malade & eſt capable de le faire mourir, comme aſſeurent Theo-phraſte & Ælian. Et il eſt certain que ſi l'on met de l'onguent ſur ce qu'il doit manger, il n'y touche point.

Elian. *lin.* *Les Abeilles* haïſſent également les odeurs faſcheuſes & les onguents odoriferans ; car elles ont l'odorat fort exquis, comme dit Ariſtote, d'ou vient qu'elles ſentent meſ-me & pourſuiuent ceux qui ſont pollus. Elles fuyent les choſes huilleuſes, parce que l'huile eſt ennemy de tous les inſectes:

C'eſt pourquoy *l'Eſcharbot* meurt ſi on di-
ſtille ſur luy quelques gouttes d'onguent.

Le Cheual ne peut ſupporter le cry , l'o-
deur ny la veuë de *l'Elephant* : ᴍais c'eſt
auſſi ſa figure monſtrueuſe & eſtrange qui
l'eſtonne ; car Cæſar accouſtuma ſes Cheuaux à ſouffrir les Elephans qui eſtoient
en ſon armée.

Le Cheual hait encore *le Porc* à cauſe
de ſa puanteur, c'eſt pourquoy il faut prendre garde de ne mettre pas les Cheuaux
dans les eſtables à Porcs.

Le Lyon hait l'odeur des aulx, & ne tou- Portà:
che point aux hommes qui s'en ſont frot-
tez : ıl fuit meſme les lieux où il les ſent.
On dit la meſme choſe *du Leopard*, qui Philes:
ayme les odeurs ſuaues, de ſorte que dans
l'Armenie, quand le vent porte l'odeur du
Styrax, les Leopards vont touſiours du coſté d'où l'odeur vient.

On peut dire auſſi que c'eſt pour la meſme raiſon que *le Lyon* hait *la S'quille* , &
qu'il n'en peut ſupporter l'odeur.

Le Tigre ne peut ſouffrir l'odeur *du Bu-
balus*, c'eſt pourquoy les Indiens nourriſ-

sent cét animal afin d'estre en seureté contre les Tigres.

La Belette tuë *le Basilic* par sa seule
odeur.

Les Cheuaux &) les Asnes tombent en
defaillance, s'ils sont chargez de pommes
ou de figues. Plutarque dit que c'est l'o-
deur de ces fruicts qui fait en eux le mesme effet, que celle des roses fait en quelques personnes.

Le Renard hait *la Ruë sauuage*, c'est pourquoy quelques vns la meslent auec la pasture des poules pour estre en seureté contre le Renard, & ils attachent mesme de
la Ruë à leurs aisles.

Les Fourmis haïssent *l'Origan*, & c'est
sans doute à cause de son odeur qu'elles
ne peuuent supporter.

Le Crapault hait *les Odeurs fortes*, c'est
pourquoy Palladius conseille de semer dans
les iardins de la Rüe, du Nasitort, & autres plantes qui ont l'odeur acre & picquante. Il hait aussi l'odeur de la vigne en fleur.

Le fient des Porcs est fascheux *aux Bœufs*.

Le Parfum de corne de Cerf fait fuir *les*
Serpens

Serpens ; mais outre l'odeur, c'eſt qu'il porte auec ſoy cette qualité maligne qui les
ſtupefie.

Le Lyon de mer qui eſt vne ſorte d'Ecreui- *Ælian.*
ce eſt hay par *le Lyon terreſtre*, de ſorte qu'il
n'en peut ſupporter la veüe ny l'odeur.

Le Chat hait *la Ruë*, c'eſt pourquoy on
la pend aux feneſtres & ouuertures des co-
lombiers pour les empeſcher d'y entrer:
On l'attache meſme aux aiſles des Pigeons.
Il hait auſſi les onguents odoriferans juſques
à ſe mettre en fureur quand il les ſent.

Si l'on frotte les narines *du Bœuf* auec *African.*
de l'vnguent roſat, il tombe en vertige.

Le Porc hait toutes ſortes d'vnguents *Lambin.*
odoriferans, & principalement celuy qu'on
fait de marjolaine qu'on nomme, *Amaraci-*
num.

Le Serpent hait l'odeur *du Leopard*, c'eſt *Aldrouan*
pourquoy on dit que l'homme qui eſt cou-
uert de la peau du Leopard n'eſt point attaqué par les Serpens.

Le Parfum de la corne de Mulet fait fuir *Belberus.*
les *Souris*, Belberus dit qu'il faut que ce
ſoit la corne gauche.

Mm

L'Elephant hait *la Chevre* à cause qu'elle
put , parce qu'il ayme les odeurs suaues,
celles des vnguents odoriferans & des fleurs
qui le resiouyssent & l'adoucissent s'il est
en colere.

De la Saueur.
ARTICLE II.

IL ne faut point douter que la plus grande part des Animaux haïssent les Saueurs
acres, ameres, sallées, aigres & aspres , &
qu'il y en a peu qui mangent de la chair
de leur espece.

Le Chien ne mange point de *la Beccasse*
ny *des autres oyseaux* qui sentent le sauua-
gin : il a mesme *l'Estourneau* en horreur
pour la mesme raison.

Tout le bestail hait *l'Anagallis masle*, &
mange de la femelle. Mais ie voudrois
auec l'authorité de Pline qui dit cecy, quelque experience ; car ces deux especes d'herbe ont le mesme goust.

Le Bœuf ne mange point l'herbe nommée *Gallion.*

Boethus asseure que la chair *de Renard*
cuite & meslée auec la pasture des Ani-

maux domeſtiques les preſerue pour deux
mois du Renard, & que l'on ſe ſert de cette
inuention en Eſcoſſe : Ce qui ſe rapporte à
ce que dit Pline, que les Coqs ne ſeront
point attaquez par les Renards, ſi on leur
fait manger du foye de Renard deſſeiché.
Cela vient ſans doute de ce que le Renard
a l'odorat tres exquis, & qu'il n'y a point
d'animal qui ait plus d'auerſion à manger
de la chair de ſon eſpece que luy.

De la Douleur.
ARTICLE III.

L'*ASNE & le Taureau* haïſſent *le Cor-* *Ariſt.*
beau*, parce qu'il les frappe de ſes aiſles
& leur becquete les yeux ; car l'œil eſt la
premiere partie que le Corbeau attaque
dans les corps morts. *Le Cheual* le hait auſſi, parce qu'il vole ſur ſon dos & le luy
becquete.

    La Brebis hait *la Pie*, parce qu'elle la *Ælian.*
becquete & luy arrache la laine.

    Le Bœuf hait *l'Aſylus & la Mouſche-uere,* *Ariſt.*
& meſme toutes les autres mouſches qui
le picquent ; il hait auſſi *les Pouls & les Cro-*
tons*. Croton eſt le Ricinus qui eſt diffe-

rent de celuy des Chiens : il s'appelle Croton, parce qu'il eſt ſemblable à la ſemence de l'herbe nommée Croton. Les Brebis & les Bœufs qui en ſont picquez deuiennent maigres , & leur chair eſt de mauuais gouſt.

Les Chiens hayſſent *les Puces.*

Cretenſ.

Le Crocodile hait *la Febue eſpineuſe*, parce qu'il a peur qu'elle ne luy offenſe les yeux.

Albert

L'Aſne & le Mulet hayſſent *la Souris*, parce qu'elle ſe cache dans leur mangeoire, & leur mord les levres pour les empeſcher de manger.

Non ſeulement *le Pourceau* a auerſion contre *la Belette* , comme dit Pline , mais encore tout le beſtail la hait, parce qu'elle les attaque & leur mord les tetines qui s'enflamment & deuiennent liuides, comme Euſtathius a remarqué. Aldrouandus raporte cela comme ſi Ælian l'auoit dit, mais il ne parle point de la Belette, & c'eſt de *la Muſeraigne*, dont la morſure eſt venimeuſe.

On dit que *le Crocodile* hait *le Pourceau du Nil*, parce qu'il ſemble le fuir , ne le

pourſuiuant pas comme il fait les autres
poiſſons; mais cela vient de ce que ce poiſ-
ſon qui eſt vne eſpece de Perche a des eſ-
pines ſur la teſte qui bleſſent le Crocodile,
quand il luy arriue de le deuorer.

Le Lyon hait extrememement *le Singe*, par- Pierius.
ce que le Singe eſtant ſur vn arbre, ſi le
Lyon vient à paſſer deſſous, il ſe jette ſur
ſa croupe & s'attache à ſa queuë; ce qui eſt
inſupportable au Lyon.

L'Aſne hait *l'Ægithus*, parce que pour ſe Pline.
vanger de ce qu'il fait tomber ſon nid en
ſe frottant contre les buiſſons, il vole ſur
luy & becquete ſes vlceres.

On peut mettre en ce rang les autres
choſes qui incommodent les Animaux ſans
leur cauſer de la douleur, comme *l'Abeille* Pline.
qui hait *la Brebis*, parce qu'ell'a peine à ſe
demeſler de ſa laine quand elle vole deſſus.

L'Elephant hait *la Fourmy & la Sangſuë*
parce qu'il craint qu'elles n'entrent en ſa
trompe, dont il ſeroit incómodé. Il hait pour
cette raiſon *la Souris*, & ſon auerſion eſt ſi
grande, qu'il refuſe les alimens qu'il ayme le
mieux, s'il void que la Souris les a touchez.

Mm iij

Du Son.

ARTICLE IV.

LEs trois qualitez qui ſuiuent ne ſont pas faſcheuſes d'elles-meſmes aux Animaux, elles leur donnent ſeulement le ſoupçon & la crainte de quelque danger.

Tous les Animaux ont peur quand ils entendent le cry de ceux qui les mangent.

Le Lyon ne peut ſouffrir le chant *du Coq* & a peur quand il entend *le bruit des charettes.*

L'Elephant ne peut auſſi ſouffrir le cry *du Pourceau*, comme nous auons dit cydeuant ; ᴇᴛ Albert dit la meſme choſe *du Cerf.* Porta dit que *le Cheual* ne peut ſouffrir le bruit des tambours qui ſont faits de peau *d'Elephant* ou *de Chameau* ; ᴍais c'eſt vne imagination de cét autheur, qui a voulu eſtendre la Haine de ces Animaux juſques à ce ſon de tambours, qui peut-eſtre n'ont jamais eſté faits de ces peaux-la.

L'Ours hait les ſons rudes, & ſe plait à l'harmonie, comme *le Cerf.*

Les Brebis craignent *le Tonnerre*, & quand elles l'entendent, elles s'approchent l'vne

Olaüs.
Plin.

Plin.

de l'autre, & celle qui s'en trouue feparée
auorte de peur fi ell'eft pleine.

Le Cheual hait naturellement *le braire de
l'Afne* ; Et Cardan dit que ce n'eft que par
couftume qu'il le fouffre.

L'Ægithus a peur quand il l'entend brai- *Arift.*
re, par le fouuenir du mal qu'il a de couftume de luy caufer.

De la Couleur.
ARTICLE V.

L ELEPHANT hait la couleur blanche & *Pline.*
rouge, & fe met en fureur quand on luy
prefente des draps de cette couleur.

Le Lyon ne peut auffi fouffrir la veuë *Seneque.*
des draps blancs, non plus que *l'Ours.*

Le Taureau s'irrite à la veuë de la cou- *Plin.*
leur rouge. *Sene cq.*

Plutarque & d'autres Philofophes cher-
chent la raifon de cette Haine dans le temperament de ces Animaux ; mais il eft certain que la veüe de ces couleurs ne les irrite point par elle-mefme ; car l'Elephant
ny le Lyon ny l'Ours ne s'irritent pas quand
ils voyent la neige, ou des perfonnes habil-
lez de blanc ; ny le Taureau, quand il void

des fruicts rouges ou des Pasteurs qui ont des habits de cette couleur ; mais c'est que ces Animaux remarquent le dessein de ceux qui les veulent irriter en leur presentant des morceaux de drap de quelque couleur que ce soit, de sorte que ce n'est pas la couleur qui les met en colere, mais la personne. Et l'on pourroit dire pour le Lyon, qu'il hait les draps blancs dans la crainte qu'il a qu'on ne luy en couure la teste ; car il perd toute sa force quand il l'a couuerte.

Senecq.

Mizald.

Le Lyon hait le feu ; mais cela ne luy est pas particulier, il n'y a guiere d'animal qui ne le craigne. *Les Grenoüilles* mesme se taisent quand elles voyent vne chandelle au bord de l'Estang & se laissent prendre à la main.

De la Figure.
ARTICLE VI.

LE *Cheual* hait *l'Elephant*, *le Chameau*, *le Veau marin* à cause de leur figure monstrueuse & estrange. Tous les animaux s'estonnent à la veüe de ceux qui sont grandement extraordinaires.

L'Elephant craint l'eau, non seulement

parce

parce qu'il nage difficilement, mais encore parce qu'il void fa figure dans l'eau qui l'eftonne : C'eft pourquoy quand il veut boire il la brouïlle toufiours auparauant.

Le Lyon & le Tigre craignent *l'Elephant* à caufe de fa grandeur énorme, & de fa figure monftrueufe ; c'eft pourquoy ils ont peur d'en eftre attaquez, & ordinairement ils le preuiennent.

On dit que *le Crocodile* attaque tous les animaux terreftres fors *l'Elephant*, & c'eft fans doute qu'il le craint à caufe de fa grandeur & de fa figure monftrueufe & extraordinaire.

DE LA HAINE DES ANIMAVX
qui eft fondée fur les qualitez occultes.
CHAPITRE V.

IL y a deux fortes de qualitez occultes, les vnes dont la nature eft connuë en general côme les venimeufes & les ftupefactiues, dont nous auons donné les exemples aux deux premiers Chapitres ; les autres font tout à fait inconnües, & ce font celles dont nous auons à prefent à parler.

Les auerſions des Animaux qui ſont fondées ſur elles, ſe peuuent diuiſer en trois
ordres, à ſçauoir en celles que l'on croit veritables, en celles qui ſont vray-ſemblables
& en celles qui ſont faulſes.

Pour les veritables nous en auons fait le
catalogue en la premiere partie de çét ouurage où nous auons monſtré que ſans auoir
recours à ces qualitez occultes, elles ſe pouuoient rapporter à quelqu'vne des cauſes ordinaires de la Haine des Animaux. Ainſi il
ne nous reſte icy que les vray-ſemblables &
les faulſes dont nous deuions parler. Nous
ne pretendons pas neantmoins rapporter
toutes celles qui ſe trouuent dans les Autheurs ; c'eſt aſſez d'en donner quelques e-
xemples qui ſeruiront au Lecteur pour luy
apprendre à ne condamner pas, & à ne croire pas auſſi legerement ce qu'il trouuera
dans les Liures ſur cette matiere.

Les Inimitiez vray-ſemblables.

I'APPELLE les inimitiez vray-ſemblables
qui ſont fondées ſur quelque verité la-

quelle femble marquer quelque antipathie
entre les chofes, quoy qu'en effet il n'y en
ayt aucune. Ainfi,

L'on dit qu'il y a antipathie entre *le Coq* Plin.
& le Sureau, parce que les fleutes qui font
faites d'vn Sureau qui vient en des lieux où
l'on n'entend point le chant des Coqs font
meilleures & plus refonnantes. Cela eft veritable & ne vient d'aucune antipathie, parce que le Sureau qui naift en vn lieu defert
& fauuage ou par confequent les Coqs ne
s'entendent point, eft plus dur & plus folide
& par confequent plus propre à faire des
fleutes que s'il vient en vn lieu habité où le
terroir eft plus fertile & plus humide, & où
les arbres font moins fermes & folides.

On dit encore qu'il y a antipathie entre *le* Pline.
Coq & la Vigne, d'autant que fi l'on fait vn
colier de farment & qu'on le mette à l'entour de fon col il ne chante point : mais cela
vient de ce que le colier l'incommode &
l'embaraffe ; et qui en auroit fait vn d'vne
autre plante il produiroit le mefme effet. Il
en faut dire autant *de l'Afne* qui ceffe de
braire fi on pend vne pierre à fa queuë.

Nn ij

L'Allouëtte femble auoir quelque antipathie auec le figne *Arcturus*, parce qu'à fon
leuer elle ceffe de chanter, elle deuient malade & s'arrache les plumes. Mais cela procede de ce qu'en ce temps-là elle commence
à müer, qui eft vne maladie commune aux
oyfeaux, dont les vns font plus malades que
les autres.

On croit qu'il y a vne Inimitié particuliere
entre *l'Aigle marine & l'Allouette* ; MAIS il
n'y a rien de particulier en cela finon que
comme tous les oyfeaux de proye pourfuiuent tous les petits oyfeaux, l'Allouette qui
vole fort haut eft plus en prife que les autres
qui volent bas ; ET parce qu'ell'eft plus fouuent attaquée par l'Aigle marine, il femble que cette Aigle ait quelque Inimitié
particuliere contr'elle.

Il femble qu'il y ayt quelque antipathie
entre *le Cocu & les Cigales* fur ce qu'il ne
chante plus quand il les entend chanter; MAIS
cela vient de ce que le Cocu ceffe de chanter
quand la Canicule fe leue, & qu'en ce mefme temps les Cigales commencent de chanter; DE forte que cela vient de la faifon, &

non d'aucune Inimitié.

Ceux qui ont efcript de l'agriculture difent que lors que l'on feme, le grain qui touche les cornes des Bœufs ne produit rien;
ᴍais ie croy que c'eft vn precepte ænigmati-
que de l'agriculture, par lequel ils veulent
enfeigner comment il faut femer le grain;
car il ne le faut pas jetter fi roide, qu'il aille
jufques fur les cornes des Bœufs.

L'ombre *de la Hyene* rend *les Chiens* muets;
ᴍais ce n'eft pas l'ombre, c'eft la peur
qu'ils ont d'elle quand ils en font proches.

Cardan dit que la Haine que *les Chiens* ont
contre *les Chats* fe conferue apres la mort de
ceux-cy, parce que le Chien trouuant la
peau du Chat, fe plaift à fe rouler & fauter
deffus, & mefmes qu'il faute fur le lieu où
l'on a enterré vn Chat; mais c'eft que l'on a
remarqué cela des jeunes Chiens qui fola-
ftrent par tout.

On dit qu'il y a Inimitié entre *les Limaçons*,
le Porc & la Perdrix, parce que les Limaçons ne fe trouuent point au lieu où il y a
des Porcs & des Perdrix : mais c'eft fans
doute que le Porc & la Perdrix les mangent

& que par conſequent on ne les trouue
point en meſme lieu.

Porta dit que ſi l’on fait vn tambour de
peau *de Cheual* on fait fuir *le Phocas* ou *Veau
marin*; mais c’eſt le bruit qui luy fait peur,
& celuy de quelqu’autre tambour que ce
ſoit produiroit le meſme effet.

Quelques vns diſent que l’Inimitié qui eſt
entre *le Chat & la Souris* vient de ce que la
Souris eſt vn animal lunaire, & que le Chat
eſt ſolaire, & que c’eſt pour cela que le Chat
la pourſuit dauantage en pleine Lune qu’au
croiſſant : mais cette Haine n’eſt pas reciproque, elle ſe trouue ſeulement dans la Souris & ſi le Chat la pourſuit dauantage en
pleine Lune, c’eſt qu’ell’eſt alors plus graſſe
& plus ſucculente.

On peut mettre en ce rang ce que l’on dit
de l’Inimitié qui ſe conſerue entre les beſtes
mortes ; dont nous auons parlé à l’entrée de
ce Diſcours.

Pline dit que *l’Eſperuier* a vne auerſion
particuliere contre *le Cœur*, parce qu’il ne
mange jamais celuy de la proye qu’il a priſe,
mais c’eſt qu’il eſt ſaoul auant qu’il vienne

au cœur de la beſte.

Les Inimitiez faulſes.

LE *Cocu & les Cigales* ſe haïſſent, cela
n'eſt pas veritable, non plus que la raiſon que l'on en donne ; car on dit que les Cigales ſe ſentent tellement importunées de
ſon chant ſi ſouuent repeté, qu'elles s'aſſem-
blent & ſe coulent ſous ſes aiſles le mordant
de telle façon qu'à la fin il en meurt. C'eſt
Iſidore qui eſt l'Autheur de cette fable.

Porta dit qu'vn homme eſt en ſeureté *des
Leopards* s'il eſt couuert de la peau *de la Hyene* des Anciens ; mais c'eſt vne imagination
de cét Autheur qui a de couſtume d'eſtendre la Haine que les Animaux ont enſemble
juſques ſur leurs dépoüilles. Il n'a pas certainement fait l'experience dont eſt queſtion ; puiſque la Hyene des Anciens eſt ig-
norée. Il en faut croire autant de ce qu'il dit
que ſi vne femme groſſe entend le ſon des
cordes faites des boyaux de Vipere, elle
auortera.

Pline dit que ceux qui ſont oingts de
graiſſe *de Coq* ne ſont point attaquez *des Leo-*

pards & des Pantheres ; mais c'eſt auſſi vne imagination fondée ſur la Haine que le Lyon a contre le Coq, le Leopart & la Panthere eſtant de meſme genre que le Lyon.

Si l'on frotte la creſte *du Coq* du ſang tiré de la teſte *du Milan* il ne chantera plus, faux.

La peau *du Loup* miſe ſur vn homme qui a eſté mordu d'vn Chien enragé empeſche qu'il ne tombe dans la rage. Qui s'y voudroit fier?

Aldrouand dit que *le Lezard* hait *le Limaçon*, mais cela n'eſt pas veritable, & il n'a pas entendu les paroles de Pline, quand il eſcript que *Lacerta inimiciſſimum genus cochleis*, qui ne veut dire autre choſe ſinon que le Limaçon hait toute ſorte de Lezards parce qu'ils le mangent.

DE LA
PASSION
OPPOSEE
AV DESIR.

SI nous voulions ſuiure l'exemple de tous ceux qui ont traité
des Paſſions, il nous faudroit
en ſuite de la Haine parler de
la Fuite qu'ils ont miſe en ce
rang-là ; il ſemble meſme que nous ne pouuons faire autrement ſi nous voulons tenir
compte de tous les mouuemens que la connoiſſance du Mal peut exciter dans l'Ame.
Car ſi le Bien abſent y fait naiſtre vne Paſſion particuliere qui ſe nomme Deſir, il faut
par la loy des contraires que le Mal abſent y en excite auſſi vne qui ſoit differente

Oo

de toutes les autres. Et comme on ne peut
rien trouuer de plus opposé au mouuement
que l'Ame fait pour s'approcher du Bien
qui eſt à venir, que la Fuite du Mal qui doit
arriuer ; on ne peut mieux faire auſſi, que
d'en examiner la nature ſoubs vn nom que
l'Eſchole luy a donné auec tant de fondement. On peut meſme dire que la Morale
Chreſtienne a rendu cette Paſſion neceſſaire ; puiſqu'elle luy donne pour eſpece *la De-*
teſtation du Peché, qui fait partie de la Penitence. Car ſi l'eſpece ſubſiſte, il faut que
le genre ſubſiſte auſſi ; et par conſequent la
Fuite eſt vne Paſſion veritable, qui doit
auoir rang parmy les autres, & faire partie
du Deſſein que nous auons entrepris.

Nonobſtant toutes ces raiſons nous ſommes obligez de la retrencher de l'vn & de
l'autre, & de dire que c'eſt vne Paſſion qui
n'eſt point connuë de la Nature, & qui ne
ſe trouue que dans les Liures & dans l'Imagination de ceux qui en parlent. Car puiſque les paſſions ſont des mouuemens, quand
il n'y a point de mouuement particulier, *il*

n'y a point aussi de passion particuliere : Or
il est certain que le Mal absent ne cause aucun mouuement dans la partie concupisci-
ble qui soit different de celuy de la Haine, &
par consequent la Fuite que l'on met en
auant n'est point differente d'elle , & n'est
que la mesme Passion.

En effet la Haine est vn mouuement de
l'Appetit par lequel l'Ame se separe & s'esloigne du Mal , afin d'éuiter le dommage
qu'ell'en peut receuoir, comme nous auons
monstré cy-deuant : Or se separer & s'esloigner du Mal pour ce dessein-là, c'est le fuyr :
la Haine est donc la mesme chose que la
Fuite , il n'est donc point necessaire d'en faire deux Passions.

Ie sçay bien que l'on peut dire que dans
celle-cy l'esloignement se fait auec precipitation , & que c'est vne Fuite veritable ; au
lieu que dãs la Haine il se fait sans empresse-
mẽt,& que c'est plûtost vne Retraite qu'vne
Fuite. Mais nous auons fait voir que cette
precipitation se peut trouuer dans la Haine
toute simple , & que selon que le Mal paroît
à l'Ame plus grand ou plus petit, plus pro-

che ou plus esloigné, elle se retire & s’esloigne de luy auec plus ou moins de haste : Cela neantmoins ne change point l’espece de la
Passion, c’est tousiours la mesme Haine qui
est plus forte ou plus foible, plus grande ou
plus petite. Ce n’est donc pas dans cette precipitation, qu’il faut chercher la différence
du Mouuement de la Fuite, d’auec celuy de
la Haine.

Mais il est necessaire de remarquer icy,
qu’outre ces deux sortes de mouuemét que
l’Ame employe pour s’esloigner du Mal,
lesquelles ne causent point de difference es-
sentielle dans les Passions ; il y en a deux autres qui en changent tout à fait l’espece.
L’vne se peut appeller simple, parce que
l’Ame n’y souffre qu’vne sorte de mouuement, toutes ses parties se retirant également sans se confondre, comme elles font
dans ces sortes de Haine dont nous
venons de parler. L’autre est composée,
parce qu’outre cette premiere Fuite qui est
comme vn mouuement droit, ell’en souffre
vn autre qui est à sa maniere vne espece de

condenſation ; car elle ſe ramaſſe en elle
meſme, & l'on peut dire que toutes ſes parties ſe ſerrent & ſe compriment l'vne l'autre. Or cela arriue quand l'Ame eſt tellement preſſée du Mal, qu'elle croit que la
Fuite n'eſt pas capable de la ſauuer du peril
où ell'eſt, ſi elle ne ſe reſerre & ne s'appetiſſe,
s'il faut ainſi dire, comme pour ſe cacher dauantage de ſon ennemy, & pour luy faire vn
plus libre paſſage.

C'eſt de cette ſorte que *la Douleur* ſe fait
dans la partie concupiſcible ; parce que le
Mal eſt preſent, & qu'il a fait impreſſion :
C'eſt ainſi que *la Crainte* ſe forme dans l'Iraſcible ; parce que le Mal eſt preſt à venir, &
qu'il paroiſt enuironné des difficultez qui
ont accouſtumé d'émouuoir cette puiſſance
de l'Ame. Si cela eſt ainſi, il faut que la Fuite que l'on veut faire paſſer pour Paſſion ſe
faſſe par l'vne ou l'autre de ces ſortes de
mouuemens. Or ſi c'eſt par la derniere qui
eſt compoſée, il faudra contre la verité &
contre le ſentiment meſme de ceux qui ſont
les Autheurs de cette doctrine, que la Fuite
ſoit touſiours accompagnée de la Douleur ;

parce que cette sorte d'agitation est propre
à la Douleur, & en fait la difference essen-
tielle, comme nous dirons en son lieu; ET
par consequent la Fuite ne sera pas vne Passion simple comme ils disent. Que si elle se
forme par la premiere, elle ne sera pas differente de la Haine qui naist de cette sorte de
mouuement; parce que où il n'y a point di-
uersité de mouuemens, il n'y a point diuer-
sité de Passions.

Mais pourquoy faut-il que l'absence du
Bien fasse naistre vu mouuement different
de celuy de l'Amour, & que l'absence du
Mal n'en produise pas vn different de celuy
de la Haine. Cela ne sera pas difficile à
comprendre, si on considere que dans l'A-
mour l'Ame s'vnit à l'image du Bien, &
comme elle vient à apperceuoir que le Bien
qu'ell'a conceu est effectiuement ailleurs,
elle quitte son premier dessein, & s'eslance
vers luy pour s'en approcher; Ainsi elle fait
deux mouuemens differens, qui ont deux
diuers termes; L'vn qui est en elle, & l'autre
qui est hors d'elle. Mais dans la Haine, l'A-

me s'efloigne du Mal , & fe retire en elle-
mefme ; Et fi elle juge qu'il foit veritablement abfent, elle ne peut fur cette confide-
ration s'efloigner de luy autrement qu'ell'a-
uoit fait auparauant ; car elle ne peut que fe
retirer en foy-mefme n'ayant point d'autre
endroit où elle puiffe fuir. Ainfi ces deux
mouuemens ont vn mefme terme , & ne
font point par confequent differens. Ils ne
peuuent donc produire qu'vne mefme Paffion, & par confequent la Fuite eft la mefme chofe que la Haine.

Et certainement on verra bien qu'on a peu
de raifon d'en faire vne paffion differente,
quand on prendra garde qu'ell'a efté inconnuë à toute l'antiquité , que les premiers
qui l'ont voulu introduire ont dit qu'elle
n'auoit point de nom, & que ceux qui font
venus depuis ne luy en ont peu donner d'autres que ceux qui appartiennent à la Haine.
Quell'apparence y a t - il qu'vne Paffion qui
doit s'efleuer à tous momens dans l'Ame,
puifqu'à tous momens il y a des maux qu'-
elle doit éuiter , ayt efté inconnuë à tous les

anciensPhilofophes ? que parmy des langues
fi fçauantes & fi difertes comme font la
Grecque & la Latine, elle n'ayt peu trouuer
de nom qui en exprimaſt la nature ? Enfin
puifqu'on ne la peut appeller autrement
qu'*Auerfion & Abomination* qui font des termes propres à la Haine, n'eſt-ce pas vne marque certaine qu'elle n'eſt point differente de
cette Paſſion ? Car pour le nom *de Fuite* c'eſt
vn terme general & commun à tous les
mouuemens auerfatifs de l'Ame. Et pour
celuy *de Crainte* par lequel on pretend que
les Anciens l'ont voulu defigner, comme fi
ces deux paſſions eſtoient de meſme nature.
C'eſt vne opinion qui ne fe peut fouſtenir;
car fi la Fuite eſt vne paſſion particuliere,
comme on veut, il faut qu'elle foit differente de la Crainte, non feulement en efpece,
mais en genre ; la Crainte appartenant à
l'Appetit Irafcible , & l'autre ayant touf-
jours eſté mife dans le Concupifcible.

Mais quoy ! fi les mouuemens du corps
font les images de ceux qui fe font dans
l'Ame, la fuite exterieure par laquelle le
corps

corps s'efloigne effectiuement du Mal doit eftre le portrait & le charactere d'vne autre fuite qui fe faffe dans l'Appetit, & par confequent il y aura vn mouuement de l'Ame qui fera & s'appellera *Fuite*. Tout cela eft veritable, mais il ne s'enfuit pas de là que cette Fuite interieure foit vne Paffion particuliere: Car c'eft vn mouuement commun à toutes les Paffions timides, ou pour mieux dire à la Haine. Mais comme ell'entre dans toutes ces Paffions en fe meflant auec elles, elle leur communique auffi fon mouuement, lequel fe diuerfifie apres par les differentes impreffions que chacune luy donne; comme nous auons dit au difcours de la Haine, & comme nous monftrerons plus particulierement dans la fuite de ce deffein.

Toute la difficulté qui peut refter icy confifte dans *la Deteftation*, que la Theologie Morale met pour vne efpece de Fuite, qui eft differente de la Haine. Car comme elle fait partie de la Penitence, & que celle-cy veut qu'outre le mouuement de la Hai-

ne que l'Ame doit auoir pour le peché, ell'-
en faſſe vn autre par lequel elle le fuye, &
voudroit qu'il n'euſt jamais eſté commis: il
ſemble que nous ne puiſſions deſtruire la
Paſſion dont nous parlons ſans ruyner les
fondemens du Chriſtianiſme. Mais il n'eſt
pas icy queſtion des choſes que la Loy or-
donne leſquelles il faut executer ponctuel-
lement; il s'agit ſeulement de ſçauoir quel
nom on leur donnera, & ſoubs quel genre
la Philoſophie les doit placer. Il eſt vray
qu'il faut deteſter le peché, & que c'eſt vn
autre mouuement que celuy de la ſimple
Haine; mais la Religion ne peut eſtre bleſ-
ſée quand on ſouſtiendra que ce mouuement n'eſt pas celuy que l'on donne à la Fuite, & ne doit pas eſtre appellé ainſi.

En effet *la Deteſtation* n'eſt pas vne Paſſion ſimple; ell'eſt compoſée de pluſieurs
mouuemens de l'Ame, & reſpond à cette
Haine complete qui eſt accompagnée de la
mauuaiſe volonté : Car outre l'Auerſion
qu'ell'a pour le Peché qui conſiſte dans la ſeparation & l'eſloignement de l'Appetit, elle
voudroit qu'il n'euſt point eſté commis,

c'eſt à dire, qu'ell'en deſire la deſtruction &
l'aneantiſſement. De ſorte que c'eſt vne
Paſſion composée de la Haine & du Deſir : il
y a meſme quelque mouuement de Hardieſſe qui ſe meſle auec ces Paſſions ; car
comme l'Ame ſe repreſente le Peché tout
paſſé qu'il eſt, elle s'eſleue contre luy comme s'il eſtoit preſent, & taſche de le détrui-
re autant qu'elle peut. Car d'y vouloir adjouſter encore la Douleur comme font
quelques vns, c'eſt ignorer que les Bien-
heureux deteſtent parfaitement le peché,
qui pourtant ne ſont point ſuſceptibles de la
Douleur. La Deteſtation ne comprend
donc point d'autre Fuite que celle qui ſe
trouue dans l'Auerſion, & le mouuement
que la Religion veut qu'ell'ayt par deſſus la
ſimple Haine, c'eſt celuy du Deſir & de la
Hardieſſe, que nous venons de marquer.
Ainſi elle fait la premiere partie de la Penitence que la Douleur du Peché commis,
& la reſolution de n'y plus retourner rendent parfaite & accomplie.

Ce ſont-là les raiſons qui nous obligent

à croire que la Fuite que l'on oppofe au Defir n'eft point differente de la Haine. Mais
apres tout, quand elle le feroit, nous ne la
pouuons faire entrer dans noftre deffein qui
n'a point d'autre fujet que les Charačteres
des Paffions, parce qu'elle n'en a pas vn qui
luy foit particulier, ny qui puiffe feruir de
matiere à la recherche que nous faifons. Car
bien qu'à l'abord des chofes que l'on veut
fuir, on faffe de certaines ačtions exterieures
qui femblent eftre propres à cette Paffion; fi
on les confidere exačtement, on trouuera
qu'elles ne luy appartiennent point, & qu'-
elles viennent d'ailleurs. En effet fi l'on entend parler de quelque chofe fort odieufe,
fi l'on void quelque objet qui donne de
l'horreur, on retire la tefte & le corps en arriere, & en mefme temps on fait vn fouffle
qui ouure les levres auec violence. Mais ce
n'eft pas là comme on pourroit penfer vn
Charačtere de la Fuite, c'eft la Haine & la
Hardieffe qui produifent ces mouuemens.
La premiere fait retirer la tefte & le corps
en arriere, mais ce fouffle impetueux eft vn
effort que l'Ame fait pour chaffer le faf-

cheux objet qui fe prefente aux yeux ou à la
pensée. Car quand le mal n'eft pas fi grand
qu'il doiue donner de la Crainte ou du Defefpoir, quoyque l'Ame ne foit pas en eftat
de l'attaquer ouuertement, elle ne laiffe pas
en l'éuitant de luy donner quelque atteinte,
& l'on peut dire qu'elle combat en fuyant.
C'eft ainfi qu'vne befte fe retourne fouuent
vers l'ennemy qui la pourfuit, & fi elle ne
fe iette fur luy, elle luy monftre les dents &
luy lance des regards furieux. Et quand on
a auerfion pour quelques alimens, l'Ame
fait retirer la tefte & deftourner les yeux;
mais elle fait auffi en mefme temps foufleuer
le cœur comme pour repouffer & chaffer
ce qui la doit incommoder. Il n'y a donc
pas lieu d'attribuer à la Fuite toutes ces
actions, comme fi c'en eftoient les Characteres, puifqu'elles procedent de la Haine
& de la Hardieffe. Ainfi quand la Fuite feroit vne efpece de Paffion, elle ne pourroit
pretendre d'entrer dans noftre Deffein ;
puifqu'elle n'a rien qui foit propre au fujet
dont il traite.

FIN